KB273377

명문대 입학을 위한 중학생 공부 비법

명문대 입학을 위한 중학생 공부비법
– 스스로 홀로 서는 돌직구 교육법

초판 1쇄 발행 2015년 2월 5일
초판 2쇄 발행 2022년 12월 17일

지은이 | 한국독서철학교육연구소
펴낸이 | 채규선
펴낸곳 | 세종미디어(등록번호 제2012-000134, 등록일자 2012.08.02)
주소 | 경기도 고양시 덕양구 화정동 1141
전화 | 070-4115-8860
팩스 | 031-978-2692
이메일 | sejongph8@daum.net
©한국독서철학교육연구소 2015,

ISBN 978-89-94485-21-8

명문대 입학을 위한

중학생 공부 비법

세종
MEDIA

공부 잘하는 비법은 과연 무엇일까?

월드컵이 열리면서 인터넷에 이런 유머가 떠돌았던 적이 있다.

우리나라가 월드컵에서 우승하기 위해서 더도 말고 덜도 말고 세 가지만 확실하게 하면 되는데 그 세 가지는 다음과 같다.

첫째, 훌륭한 감독을 뽑는다.

둘째, 공격수들한테는 골 결정력을 키워서 기회 있을 때마다 골을 넣을 수 있도록 해야 한다.

셋째, 수비수들한테는 위기관리 능력을 키워서 상대의 공격을 막아 실점하지 않도록 한다.

이 세 가지만 확실하게 하면 우리나라는 반드시 월드컵에서 우승할 수 있다는 것이다.

이 이야기가 우리에게 웃음을 주는 이유는 무엇일까?

"에이, 누가 그걸 몰라요?"

"그런데 왜 안 될까?"

"그건 너무 뻔한 이야기잖아요."

아이들에게 이 이야기를 들려줬더니 아이들은 어이가 없다는 듯이 대꾸를 했다. 그래서 이 문제를 응용해서 아이들에게 이렇게 물어봤던 적이 있다.

"그렇다면 여러분이 공부를 잘하기 위해서는 어떻게 해야 할까?"

"수업 시간에 선생님 말씀을 잘 듣는다."

"예습·복습을 잘해요."

"남들보다 덜 자고 남들보다 좀 더 열심히 노력을 해요."

역시 뻔한 답들이 쏟아졌다. 그래서 이렇게 물어보았다.

"지금 너희들의 대답과 월드컵에 우승할 수 있다는 비법과 다른 점이 무얼까?"

".........?"

그러자 아이들은 금방 꿀 먹은 벙어리가 되어 입을 다물고 있었다.

이 이야기가 우리에게 주는 교훈은 무엇일까? 사실 따지고 보면 월드컵에서 우승하는 비법만큼 공부하는 비법도 참으로 쉽다. 수업 시간에 선생님 말씀 잘 듣고, 예습·복습을 잘하고, 남들보다 덜 자고, 남들보다 좀 더 열심히 노력을 한다면 분명히 공부를 잘할 수 있을 것이다.

실제로 많은 학부모들이 아이들에게 이렇게 가르치고 있다.

"예습·복습 잘해라."

"수업 시간에 선생님 말씀 잘 들어라."

"남들보다 덜 자고 남들보다 더 열심히 노력해라."

그러나 이 말이 마치 월드컵에서 훌륭한 감독을 뽑고, 공격수에게는 골 결정력을 키워서 골을 많이 넣도록 하고, 수비수한테는 위기관리 능력을 키워서 실점을 하지 않으면 우승할 수 있다고 큰소리치는 것과 다르지 않다는 것을 인식하고 있는 이는 많지 않다.

사실 '수업 시간에 선생님 말씀 잘 듣고, 예습·복습을 잘하고, 남들보다 덜 자고, 남들보다 좀 더 열심히 노력을 하면 공부를 잘한다.'는 것을 모르는 학생은 거의 없다. 선생님이나 부모님들로부터 귀에 못이 박히도록 들은 이야기이기 때문이다.

그런데 중요한 것은 실제로 많은 학생들이 수업 시간에 선생님 말씀 잘 듣고, 예습·복습 열심히 하고, 남들보다 덜 자고, 남들보다 더 열심히 노력을 하는 데도 성적이 오르지 않아 고민하는 경우가 많다. 학교 수업으로도 부족하여 학원에 가서 열심히 공부를 하는데 실제로 성적은 오르지 않아 주변 사람들까지 안타깝게 하는 경우가 많다. 이 책은 이런 학생과 이런 자녀를 둔 학부모들에게 도움을 주기 위해 쓰기 시작했다.

어차피 공부에 뜻이 없어서 수업 시간에 선생님 말씀을 듣지 않거나 예습·복습이 무엇인지, 밤늦게까지 열심히 공부하는 것이 무엇인지 모르는 학생이라면 아예 이 책과 인연도 없을 것이다.

이 책과 인연이 있는 학생과 학부모라면 적어도 월드컵에 우승하는 당연한 비법을 늘어놓은 유머처럼 뻔한 이야기로 공부 잘하게 될 것이라고는 생각지 않을 것은 분명하다. 막연하게 학생이 공부를 잘하는 방법만을 알려주는 데 목적이 있는 것이 아니라, 실제로 학생이 공부를 잘할 수 있는 길에 들어설 수 있도록 구체적인 방법을 제시하고 있다.

또한 PARTⅢ에는 학부모가 보시면 좋을 내용을 담았다.

모쪼록 이 책이 공부 때문에 고민하는 학생과 학부모들께 조금이나마 도움이 되었으면 하는 바람을 담아 본다.

CONTENTS

프롤로그 _ 4

Part 1

자기 주도 학습을 위한 점검

01 빈칸을 채워라! 빈 칸을 채우면 다 된다 _ 13

02 목표는 지혜의 문을 열어주는 열쇠라는 것을 명심하자 _ 19

03 공부는 무엇인가? _ 22

04 목표 설정을 하라 _ 25

05 학습 능력 진단에 따른 학습법 _ 27

06 공부를 잘하는 비법 _ 31

07 학교생활에 충실하고 수업시간을 잘 활용만 해도 성적은 오른다 _ 36

08 예습과 복습, 암기 잘하는 방법 _ 38

09 공부 잘되는 곳이 따로 있다 _ 41

10 중학교 생활의 궁금증 _ 44

11 목표를 갖는 것 _ 47

Part 2

주요 과목별 구체적 학습법

01 국어 학습법 _ 55

02 영어 학습법 _ 75

03 수학 학습법 _ 93

04 과학 학습법 _ 105

05 사회 학습법 _ 117

06 기타 과목 학습법 _ 134

Part 3

부모에게도 돌직구 학습법이 필요하다

01 우리 아이 홀로 세우기 _ 147

특별부록 – 중학생을 둔 학부모님이 알아야 할 고교생활 & 내신 _ 253

에필로그 _ 260

'정말 공부 잘하는 방법이 따로 있는 것일까?'를 의심하는 사람은 이 책을 덮고 다른 일에 열중해도 좋다. 이 책은 진정으로 공부 잘하는 방법을 알고 싶어하는 이를 위한 책이기 때문이다.

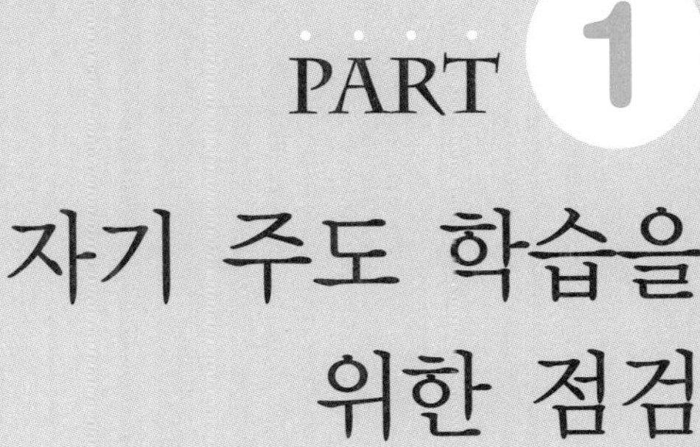

PART 1

자기 주도 학습을 위한 점검

01 빈칸을 채워라! 빈 칸을 채우면 다 된다

02 목표는 지혜의 문을 열거주는 열쇠라는 것을 명심하자

03 공부는 무엇인가?

04 목표 설정을 하라.

05 학습 능력 진단에 따른 학습법

06 공부를 잘하는 비법

07 학교생활에 충실하고 수업시간을 잘 활용만 해도 성적은 오른다

08 예습과 복습, 암기 잘하는 방법

09 공부 잘되는 곳이 따로 있다

10 중학교 생활의 궁금증

11 목표를 갖는 것

01 빈 칸을 채워라!
빈 칸을 채우면 다 된다

'정말 공부 잘하는 방법이 따로 있는 것일까?'를 의심하는 사람은 이 책을 덮고 다른 일에 열중해도 좋다. 이 책은 진정으로 공부 잘하는 방법을 알고 싶어 하는 이를 위한 책이기 때문이다. 단언하건대 이 책을 다 읽고 실천에 옮겼을 즈음에는 분명히 공부 잘하는 방법을 터득하고 있는 여러분 자신을 느끼고 스스로도 대견해하고 있을 것이다.

이제 여러분이 할 일은 이 책이 제시하는 방법에 대해 의심하지 않고 그대로 따라해 보는 것이다.

1) 첫 번째 과제를 여러분에게 부여한다

(1) 아래에 빈 칸이 있다. 이 빈 칸에 무엇을 채워 넣으면 좋을까?

여러분 마음속에 들어 있는 생각들을 써 넣어보자. 그 어떤 생각이나 낱말이라도 상관없다. 지금 떠오르는 그 어떤 것도 좋다.

다 썼을 것이다. 어쩌면 아무것도 쓰지 못한 사람도 있을 것이다. 그렇다면 백지 그대로일 것이고, 장난스러운 친구들은 이 빈 칸을 검정으로 칠했을 수도 있다.

(2) 여러분이 채워 넣은 것 중에서 지금 '공부'와 상관없는 것을 지워 보자.

(3) 남아 있는 것이 무엇인가?

남은 것들은 이 책을 보는 내내 여러분이 마음속에 담고 있어도 좋은 것들이다. 남아 있는 것이 많으면 많을수록 학습능력은 뛰어나다 할 수 있다.

이 빈칸 채우기는 여러분의 마음속에 얼마만큼 쓸모없는 것들이 많이 들어 있었나를 알아보기 위한 간단한 테스트였다. 공부를 방해하는 요소와 유혹이 정말 많은 것을 여러분도 알아차렸을 것이다.

이 테스트를 하는 중에 실제로 선생님과 함께 공부한 친구 중에서 아무것도 쓰지 못한 친구도 있었고, 장난스레 검정으로 칸을 색칠한 친구들도 있었다. 백지를 그대로 놓아둔 친구들에게 '공부를 잘하자.'라고 쓰라고 했고, 검정으로 채워 넣은 친구들에게는 화이트를 주면서 '공부'라고 쓰도록 했다.

백지를 그대로 놓아두었거나 검정색을 칠한 친구들이 있다면 지금 당장 어떻게 해야 할까?

여러분의 이 시기는 공부를 해야 하는 시기이다. 이론의 여지는 있겠지만, 그 어떤 것보다 우선해야 하는 것이 공부이다.

2) 빈 칸을 또 채우라고?

(1) 여기에 빈 칸이 있다

앞에서 본 빈 칸과 똑같아 보이지만, 여기에는 여러분의 목표를 써 넣는 칸이다.

'나는 대통령이 될 거야.' 하는 거창한 꿈이 아니라도 상관없다. '나는 평범한 사람이 되고 싶다.', '착한 사람이 될 거야.'도 꿈이 될 수 있다.

그러나 목표가 없다는 학생은 이쯤에서 이 책을 덮어야 한다. 더 읽어야 할 까닭이 없기 때문이다. 그런 학생에게는 아무런 도움을 줄 수 없는 책이다. 목표가 생겼을 때 이 책을 다시 펼쳐보기 바란다.

목표가 너무 많아서 결정을 할 수 없다는 학생도 이쯤에서 이 책을 덮어야 한다. 확실한 목표가 생겼을 때 이 책을 다시 펼쳐보기 바란다. 아니, 다신 이 책을 펼쳐보라고 권하지도 않겠다. 하지만 분명 다시 펼쳐들었을 때 '진작 따라할걸.' 하고 땅을 치며 후회하는 모습이 그려진다. 무언가 되려고 하는 마음을 먹은 사람에게 이 책은 아주 유용하지만, 그렇지 않은 사람에게는 무용하다는 것을 이미 깨달았을 것이다.

(2) 다음에 해야 할 일은 무엇일까?

눈치 빠른 친구들은 벌써 알고 있을지도 모른다. 여러분의 목표를 다른 종이에 커다랗게 써서 여러분의 책상 앞에 붙여 놓는 것이다. 눈에 잘 띄는 곳이면 더 좋다. 그리고 가족들 앞에서 자신의 목표에 대해 자신 있게 말해 보자.

(3) 이제 여러분은 목표를 가지고 있다

그 어떤 목표라도 상관없다. 그 목표를 위해서 여러분이 해야 할 일을 세 가지 정도 아래에 써보자. 어떤 친구들은 다섯 가지 이상을 쓸 수 있을지도 모르겠다.

① ____

② ____

③ ____

④ ____

⑤ ____

단기적인 목표를 쓴 친구들도 있을 것이다. 그리고 그 단기적인 목표를 위해서 무엇을 해야 하는지 실천목표를 썼을 것이다.

이것은 여러분 스스로가 쓴 목표를 위한 실천방안이다. 이 내용 역시 다른 종이에 써서 목표 옆에 붙여 놓자. 혹시 나쁜 목표와 나쁜 실천방안을 썼으면 어떻게 하는지 걱정하는 친구가 있을 수도 있다. 이런 경우를 기우(杞憂)라고 한다. 쓸티없는 걱정이다. 나쁜 목표를 책상 위에 붙여 놓으면 과연 어떤 결과가 올까? 가족의 비웃음과 부모님의 걱정과 핀잔이 돌아올 뿐이다. 그렇게까지 머리가 돌아가지 않는 학생이라면 이 책을 읽을 자격이 없다.

(4) 수시로 나의 목표와 실천방안에 대해서 소리 내어 읽는 연습을 한다

마치 주문을 외우듯이 하루에 여러 차례 읽는다. 열심히 읽으면 읽는 만큼 목표가 다가왔다고 생각하던서 소리 내어 읽는다.

이때 여러분은 마음속으로 '그래, 나는 할 수 있어.' 하는 긍정적 마음이 되어야 한다. 그리고 밝게 한번 웃는다. 설령 부정적이었던 마음이더라도 웃어 주는 것만으로도 긍정적으로 바뀌면서 자신감을 가질 수 있다. 그리고 10년 뒤 여러분의 모습을 마음속으로 상상한다.

'인생은 자신이 생각한 대로 이루어진다.'

사람의 인생은 결국 자기가 생각한 대로 되기 마련이다. 때문에 무엇을 믿고 어떤 생각을 갖고 사느냐가 매우 중요하다. 신념에 넘쳐 아름다움과 희망, 격려, 용기, 열의를 불러일으키는 메시지를 계속적으로 불어 넣어 회의, 절망, 낙심, 의심이 들어찰 공간이 없도록 마음을 가득 채워야 한다. 그리고 생각을 굳게 지켜 마음속에 다질 때 아름다움과 희망, 격려, 용기, 열의로 파도칠 것이다. 이렇게 살아가는 생활은 분명 풍요롭고 충만한 삶이 될 것이다. 사람은 자기가 심고 노력한 만큼 거둘 수가 있다.

목표는 지혜의 문을 열어 주는 열쇠라는 것을 명심하자

현대그룹의 창시자 정주영 회장을 모르는 사람은 없을 것이다. 일명 '왕회장'으로 불리며 한 시대를 풍미했던 위대한 사업가라고 할 수 있다.

왕회장은 젊었을 때 가난했다. 그래서 한때는 인천부두에서 짐을 나르는 힘든 일을 했었다. 그때 왕회장은 마땅히 지낼 집이 없어서 일하는 공사장 한편에 지어놓은 막사에서 생활했다. 그때 엉성하게 지어놓은 막사 숙소에는 벼룩이 얼마나 많았는지 잠을 제대로 잘 수가 없을 정도였다고 한다. 왕회장은 벼룩의 공격으로부터 벗어나기 위하여 막사 한가운데의 큰 상 위에 잠자리를 만들고 그 밑에 물을 담은 큰 그릇을 놓았다고 한다. 그렇게 큰 물그릇을 놓으니까 벼룩이 쉽게 침대로 올라오지 못하거나, 또는 물에 빠져 죽는 경우가 많아서 한순간 벼룩의 공격으로부터 자유로울 수가 있었다고 한다.

그때 왕회장은 이제 벼룩 때문에 괴롭힘을 받지 않고 잘 자겠다는 생각으로 잠자리에 들었지만 그렇지 않았다고 한다. 한참 잠을 자는데 몸이 가려워서 잠에서 깰 수밖에 없었다고 한다. 그래서 가만히 살펴보니까 처음에는 침대 밑에 놓아둔 물 때문에 공격을 못했던 벼룩들이, 이제 벽을 타고 천장 위로 올라가서 자신의 위로 뛰어내리는 모습이 보였던 것이다. 벼룩은 물 때문에 침대다리를 타고 올라 사람의 피를 빨아 먹을 수 없으니까 벽을 타고 천장 위에서 뛰어내리는 방법을 찾았던 것이다.

그 순간에 왕회장은 중요한 삶의 지혜를 깨달았다고 한다. 벼룩도 자신이 원하는 것을 얻기 위해서는 저렇게 지혜를 발휘하는데, 사람인 자신은 그동안 원하는 것을 얻기 위해 무엇을 했던가 하고 반성했다. 그래서 그 순간부터 어떤 환경이나 여건을 탓하기보다는 자신이 원하는 것을 얻기 위해서는 끝까지 최선을 다하는 삶의 자세를 가질 수 있었다고 한다. 그야말로 벼룩을 통해서 세상을 살아가는 지혜를 얻은 것이다.

이 이야기를 들려주는 의미를 생각해 보고, 그 의미를 아래의 빈 칸에 써넣기 바란다.

카네기는 '지금이야말로 인생에서 가장 중요한 시기이고 실행할 수 있는 유일한 기회이다. 그러므로 할 수 있는 한 행복한 계획을 세워 실행하라.'고 했다.

공부는 무엇인가?

1) 내가 왜? 왜 공부를 해야 하지?

책을 여는 순간부터 너무 강압적으로 여러분에게 이것저것 지시한 것은 아닌가 모르겠다. 하지만 모두가 안심하기엔 이르다. 어쨌든 여기까지 따라했다면 절반의 성공이라는 것을 자신한다. 일단 끝까지 안내한 대로 따라할 것으로 믿어본다.

공부가 무엇인지 아래의 빈 칸에 써보자.

아래의 내용을 살짝 엿보고 쓴 친구들도 있을 것이다. 이번엔 묵인해 둔다. 하지만 될수록 자신의 목소리를 키워야 한다는 것을 명심하라.

공부는 사전적 의미로 학문이나 기술을 배우거나 닦는 것을 말한다. 배우고 익혀서 삶으로 만드는 것이 공부이다.

학교에서 공부하는 것으로 의미를 한정 지어서 생각하면 '공부가 무엇인지, 왜 공부를 해야 하나?'라는 그 물음에 대한 답보다는 가슴 답답한 심정이 되면서 무조건 '싫다'는 학생들이 분명 더 많을 것이다. 입시를 위한 공부로 생각하기 때문에, 하기 싫은 의무라고 생각하기 때문에 더 싫은 것이다.

세상에서 공부만큼 재미있고 공부만큼 쉬운 것도 없다는 사람도 많다. 사실 이런 사람들이 있기 때문에 지금까지 세상이 발전해 왔을 수도 있었다.

"나는 단 한 번도 공부가 재미있던 적이 없어요." 하고 반문할 수도 있을 것이다.

⬇ 공부가 좋다면 그 이유를 아래에 써보자.

◆ 공부가 싫다면 왜 싫은지 그 이유도 써보자.

◆ 시험에 관해서 고민해 본적이 있는지 아래에 답을 해보자.

시험을 고민해 본 적이 있다. (   )

시험을 고민해 본 적이 없다. (   )

◆ 그리고 학교에서는 왜 시험을 보는지 생각해 본 적이 있는지 답
   해 보자.

----

04 목표 설정을 하라

(1) 지금 당장 하고 싶은 일 10가지를 써보자.

(2) 인생의 목표를 세우자. 인생의 목표가 무엇인지 써보자.

(3) 나의 10년 후의 모습에 대해서도 써보자.

(4) 나의 10년 후를 위해서 지금 해야 할 일에 대해서 알아보자.

학습 능력 진단에 따른 학습법

이 단원의 결론은 '공부'이다. 지금 여러분이 해야 할 것은 '공부'이다. 피할 수 없다면 즐기라는 말도 있다. 어차피 해야 하는 공부를 즐거운 마음으로 하는 것이 속 편한 것 아닌가. 공부를 더 쉽고 편리하게 하는 마음가짐이라고 할 수 있다. 공부가 시험 공부만이라고 생각하는 것이 잘못이다. 미래를 준비하기 위한 체험 등도 모두 포함된다. 이런 마음가짐으로 공부를 해보자.

1) 나를 알기

본격적인 학습을 하기에 앞서서 나의 성적은 어느 정도인지를 먼저 진단해 볼 필요가 있다. 나의 성적은?

최상위 3% 이내 (   )

상위권 (   )

중상위권 (   )

중위권 (   )

하상위권 (   )

하위권 (   )

2) 학습 진단에 따른 학습법 진단

(1) 공통 처방

독서 습관을 길러야 한다. 독서는 모든 학습의 기초이며, 인내심과 창의력과 종합적 사고력을 증진시켜 준다. 이 시기를 지나치면 독서를 할 시간조차 낼 수 없는 상황이 곧 도래한다. 마음의 양식이라는 생각으로 꾸준히, 매일매일 읽는 습관을 가져야 한다.

(2) 최상위권 학생을 위한 처방

최정상을 유지하는 일은 쉬운 게 아니다. 때론 따분할 수도 있다. 뻔히 아는 내용이 너무 많으면 학습에 흥미를 쉽게 잃을 수도 있다. 최정상을 항시 유지하는 비결은 더 높은 곳에 목표를 두는 것이다. 이 시기에는 아는 내용을 좀 더 깊이 있게 파고들 수 있는 참고서를 선택하는 것이 좋다. 더불어 특목고를 염두에 둔 심화학습 과정이 바람직

하다. 상급학년 예습 과정을 학습해도 좋다

(3) 상위권 학생을 위한 처방

최상위권이 될 수도, 중상위권으로 떨어질 수도 있다는 생각을 해야
한다. 기초 과정을 숙지하고, 응용 과정을 푸는 연습을 주로 한다. 더
불어 심화 과정을 풀어 본다. 심화 과정이 너무 어렵게 느껴진다면 응
용 과정을 더 연습한다. 최상위권 학생을 마음속 라이벌로 두는 것이
동기 부여가 된다. 경쟁마 없는 우승마는 있을 수 없는 것이다.

(4) 중상위권 학생을 위한 처방

기초 과정을 완전히 숙지한 후, 응용 과정을 풀어간다. 응용 과정은
한 출판사 참고서만 풀어볼 것이 아니라, 다른 출판사의 응용 과정을
다시 풀어보는 연습이 필요하다. 오늘 할 일을 내일로 미루지 않는 태
도가 바람직하다.

(5) 중위권 학생을 위한 처방

기초 과정에 충실한 참고서를 선택하는 게 좋다. 기초 과정을 풀어
보고, 타 출판사 기초 과정을 다시 풀어서 완전히 이해하고 숙지한다.
그 과정을 반드시 거친 후에 응용과정을 풀어본다. 응용 과정이 어려
우면 기초 과정을 다시 한 번 풀어본다.

⑹ 하상위권 학생을 위한 처방

초등학교 5, 6학년 교과서를 버리지 말고, 다시 한 번 읽고 풀어보는 과정이 필요하다. 이미 배운 내용이라 쉬울 수 있겠지만 반드시 읽고 문제를 풀어본다. 부끄러워할 필요는 없다. 기초가 다져지지 않아서 성적이 안 나오는 것이다. 공부는 높게 쌓아올린 탑과 같아서 기초가 없으면 상급 학년으로 오르면 오를수록 더욱 뒤떨어지기 마련이라는 사실을 명심해야 한다.

⑺ 하위권 학생을 위한 처방

구구단을 확실히 외울 수 있는지 자신을 테스트해 보자. 집중력이 있는지 아닌지 장편 소설을 한번 읽고 줄거리와 주제를 써보자. 주변 환경이 학습을 위한 방해 요소로 작용하고 있지는 않은지 자신을 돌아보자. 공부를 왜 해야 하는 것인지 자신에게 동기부여를 해보자. 이 책에서 제시한 학습법 방향 제시대로 반드시 실천해 본다.

공부를 잘하는 비법

1) 공부를 잘하기 위한 10가지 노력

여러분은 이제 공부를 잘하기 위한 길에 접어들었다. 공부는 머리 좋은 사람이 잘하는 것은 아니다. 머리 좋은 사람은 의외로 공부를 잘하지 못하는 경우가 많다. 왜 그럴까? 머리 좋다는 것에 자만하고 요령을 피우기 때문이다. 머리 좋은 사람보다는 성실한 사람이 공부를 꾸준히 잘한다. 자신의 삶에 성실하기 위한 느력에 대해서 정리해 본다.

(1) 절제를 하라

식습관부터 절제하는 습관을 들인다. 몸이 나른해지거나 포만해질 때까지 먹지 말아야 한다. 집중력이 저하되는 것은 물론 몸이 나른해 지면서 잠이 오기 쉽다. 적당히 먹는 습관이 필요하다. 지나친 풍요가 가져오는 태만에 물든다면 작은 것에 감사하는 마음이 없어질 수 있 다. 절제를 통해서 사소한 것에도 감사하는 마음을 가지도록 노력해야 한다.

(2) 말을 아껴라

꼭 필요한 말만 할 줄 알아야 한다. 대부분 청소년들은 필요 없는 말을 하면서 시간을 허비하는 경우가 많다. 말이란 많이 할수록 자신 이 책임져야 할 일이 많아진다. 가급적 말을 아낌으로서 꼭 필요하지 않은 일에 책임질 일을 만들어 나가지 않는 것이 좋다. 또한 말이 많 을수록 가벼운 사람처럼 보일 수 있다. 가볍게 보이지 않으려면 말을 아껴야 한다.

(3) 질서를 지켜라

몸이나 옷, 방 안을 항시 깨끗이 해야 한다. 책이나 옷, 물건 등은 놓아 둘 곳에 놓아둔다. 아무렇게나 팽개쳐 놓았다가 꼭 필요한 때에 찾아 헤매는 일은 없어야 한다. 공부하는 책상이나 잠을 자는 잠자리 는 항시 단정히 정리해 놓을 필요가 있다. 정신이 산만해질 수 있기 때문이다. 그리고 그 어떤 일을 해야 할 때도 우선순위와 다음 순위를 정해서 실행에 옮기는 습관이 필요하다. '할 일은 해야 할 때 한다.'는 말의 의미를 생각하라.

(4) 결의를 다져라

처음 먹은 마음이 좋은 마음이다. 하지만 누구나 좋은 마음을 먹기는 쉽지만 그것을 끝까지 유지하며 실천하는 것은 정말 어려운 일이다. 그 마음을 유지하는 비결이 끊임없이 결의를 다지는 것이다. 아무리 큰 결심이라도 실천하는 과정에서 힘에 부치면 포기하고 싶은 마음이 들 때가 많다. 그 마음을 이기는 것이 결의다. 변덕쟁이가 되지 않고 프로가 되려면 지금 당장 결의를 다져라.

(5) 근면하고 성실하라

시간을 헛되이 쓰지 말아야 한다. 아껴야 하는 시간을 무가치하게 보내기에는 너무 아까운 시절이다. 어른들에게 가장 후회하는 일이 무엇이냐고 물으면 어릴 때 시간을 무가치하게 보낸 것을 대부분 첫째로 손꼽는다. 한번 지난 시간은 되돌아오지 않는다는 것을 명심하라. 그리고 이 시기에는 착하고 거짓이 없어야 한다.

(6) 정의로워라

도리에 어긋난 행동은 하면 신경 쓸 일이 많아진다. 자신은 속일 수 없기 때문에 양심에 찔려 스스로 괴로운 시간을 보내야 하고, 스스로 당당하지 못해 꼭 해야 할 일에 나서지 못할 수가 있다. 세상의 주인이 되려면 자신에게 당당해야 한다. 자신에기 당당하려면 먼저 정의를 세워라. 주변 사람들도 믿고 신뢰할 것이다.

(7) 온건하라

극단적인 생각이나 행동을 피해야 한다. 두뇌학자들의 연구에 의하면 청소년기의 두뇌는 완전히 발달한 것이 아니어서 감정적인 판단을 많이 내린다고 한다. 즉 같은 현상을 보고도 어른들에 비해 감정적으로 판단을 해서 일을 저질러 놓은 다음에 후회하는 경우가 많다. 지금 내가 옳다고 판단한 것이 시간이 지나면 그릇된 판단일 수가 있다. 매사에 그럴 수도 있다는 온건한 마음을 가지면 그만큼 후회할 일도 줄어든다.

(8) 평온하라

마음 하나가 모든 것을 결정한다. 아무리 사소한 일이라도 마음의 평정을 잃으면 폭풍과 해일 속으로 뛰어드는 어리석음을 범할 수 있다. 질풍노도의 시기라고 당연히 여기지 마라. 평소에 평온함을 즐기는 연습을 위해 잔잔한 음악이나 명상 음악을 즐기는 습관을 들여라. 평온한 마음으로 책을 펼치면 집중도가 높아 공부도 잘할 수 있다.

(9) 순결하라

정욕에 빠지지 않아야 한다. 청소년기에 접어들면서 성적인 호기심이 왕성해지는 것은 당연하다 할 수 있다. 그러나 지나치면 모자람만 못하다는 것을 명심해야 한다. 누구든 피해갈 수 없는 정욕이므로 심각해 하지 않아도 되겠으나, 지나친 관심에 빠지지 않아야 한다. 이 시기에는 운동으로 극복할 수 있다. 그래도 힘들다면 부모님과 선생님께 상담을 드려 도움을 청해야 한다.

(10) 겸손하라

입장을 바꿔서 생각해 본다. 스스로 잘난 척하는 사람을 좋아할 사람이 얼마나 되는가? 세상에는 진짜 존경할 만한 사람도 깎아 내리는 사람들이 많다. 그런데 어찌 스스로 잘난 척할 수 있겠는가? 겸손하라. 잘났으면 스스로 빛이 날 것이고, 설사 못났어도 깎아내리는 사람을 만나지는 않을 것이다. 스스로 자신을 낮추고 상대를 높여라.

* 이 부분을 복사하여 여러분의 책상 우에 붙여놓아도 좋다.

학교생활에 충실하고 수업시간을 잘 활용만 해도 성적은 오른다

(1) 질문을 하라

선생님은 질문한 학생이 알아들을 들을 때까지 설명을 하고, 비로소 알아들어야 다음 진도를 나갈 수밖에 없다. 결국 그 시간은 질문한 학생에게 초점을 맞추는 것은 당연한 일이다. 수업시간을 내 시간으로 만들고 싶다면 꼭 알고 싶은 문제에 대해 당당히 질문을 하라.

(2) 메모를 하라

인간은 망각의 동물이다. 아무리 중요한 내용이라도 시간이 지나면 잊혀지게 된다. 프로는 메모를 하지만 그렇지 않은 이들은 듣기만 한다. 지금 당장 빨강, 파랑, 검정 볼펜을 준비하라. 핵심 키워드는 빨간

색으로, 부연 설명은 파란색으로, 구체적인 내용은 검정색으로 메모하는 습관을 들여라.

(3) 배운 것을 쉬는 시간에 돌아보라

사람은 한 시간이 지나면 반을 잊어버리고, 하루가 지나면 60% 이상을 잊는다고 한다. 독일의 심리학자 에빙하우스는 이 원리를 이용해서 한 시간 후, 하루가 가기 전, 일주일 후 주기적으로 복습을 하면 6개월 이상 장기 기억효과가 있다는 이론을 발표했다. 지금 당장 배운 것을 쉬는 시간에 돌아보는 습관을 들여라. 6개월 이상 장기 기억의 효과를 얻을 수 있다.

(4) 아는 것을 친구에게 가르쳐라

'교학상장', '효학반'은 예부터 가르치는 것이 곧 더 많은 배움을 얻는 길임을 일깨워주는 말이다. 친구가 질문을 하면 귀찮게 여기지 말고 이해할 때까지 가르치는 습관을 들여라. 모든 문제의 정답은 찾는 방법은 한 가지만 있는 것이 아닐 때가 많다. 친구를 가르치다 보면 그 과정에서 답을 찾는 다양한 방법을 터득함으로써 더 많은 것을 배울 수 있다.

예습과 복습, 암기 잘하는 방법

1) 예습

사람은 아는 만큼 보고 아는 만큼 듣는다. 똑같은 영화를 보더라도 아는 만큼 재미가 있다. 똑같은 선생님한테 배워도 아는 만큼 보이고 아는 만큼 들리기 때문에 학업성취도가 달라진다. 수업시간에 선생님이 가르치는 단원의 뜻도 모르는 학생이 알아들을 수 있는 범위는 그리 넓지 않다. 그래서 필요한 것이 예습이다. 적어도 내가 무엇을 배워야 하는지 단원의 큰 제목은 알고 앉아 있어야 한다. 예습을 할 때는 먼저 ① 단원의 큰 제목과 중단원, 소단원이 의미하는 것이 무엇인지 확실히 살펴보는 것이 중요하다. 그 다음에 ② 진도 나갈 부분을 읽어가며 ③ 반복되는 단어와 모르는 부분을 표시해 두자. ④ 수업시간에 질문할 부분과 ⑤ 더욱 집중해서 들을 부분을 정리해 두면 큰 효과를 얻을 수 있다.

2) 복습

사람의 기억력은 10분부터 망각이 시작된다. 따라서 복습은 공부를 하고 ① 10분 이내에 빠르게 하는 것이 중요하다. 수업을 마치고 난 다음에 쉬는 시간을 이용해 키워드 위주로 점검해 보자. 또한 복습을 할 때는 가급적 ② 세부사항보다는 큰 흐름을 파악하는 것이 중요하다. 뇌의 용량은 한계가 있어 세부적인 내용을 일일이 다 기억하기란 쉬운 일이 아니다. 큰 흐름을 파악해 두면 비슷한 사례를 쉽게 떠올릴 수 있어 오래 기억할 수 있다. ③ 잠자기 30분 전에 뼈대 위주로 중요한 사항을 암기해 두는 것이 좋다.

3) 암기 잘하는 방법

(1) 이해하기를 먼저 하라

인간의 뇌는 이해한 것은 오래 기억해도 이해하지 못한 것은 금방 잊는 속성을 지니고 있다. 구구단 공식을 생각해 보라. 맹목적으로 외우는 사람과 원리를 알고 외우는 사람 중에 누가 더 빨리 암기를 했던가? 설사 완벽하게 외웠다 하더라도 이해하지 못한 암기는 오래 가지 못한다. 암기하기에 앞서 먼저 확실하게 이해했는지를 점검하라.

(2) 의미를 부여하라

똑같은 여행지에서 보고 느낀 것이라도 의미 있는 것이 더 오래 기억된다. 반면 의미 없는 일들은 기억 밖으로 밀려나기 마련이다. 사람의 두뇌는 의미 있는 사람이나 사건을 선명하게 기억하는 속성을 지니고 있다. 특히 그 기억이 즐겁고 유쾌한 체험과 결부된 것이라면 정말 오래 간다. 아울러 외워야 하는 내용을 즐겁고 의미 있었던 경험과 연관시켜 외워 두면 나중에 그 경험을 떠올리는 것만으로도 저절로 암기 내용이 따라 나오는 경험을 할 수 있다.

(3) 서당에서처럼 몸을 흔들며 / 쓰면서 외우기 / 반복에 또 반복을 한다

'하늘 천 따 지 검을 현 누를 황…….' 조상들이 천자문을 외우기 위해 소리 내어 크게 읽으며 몸을 흔들흔들 하는 모습을 상기하라. 암기할 때는 머릿속으로만 생각하거나 입으로만 중얼중얼 외우는 절대 금물이다. 입으로 소리를 내고 손으로 쓰기까지 한다면 금상첨화다. 시간과 청각, 촉각이 모두 동원되기 때문에 훨씬 암기 효과가 크다. 또한 최고의 암기법은 반복학습이다. 읽고 쓰기를 반복하다 보면 웬만한 것은 외우지 못할 것이 없다. 메모지에 써서 눈에 잘 띄는 책상이나 벽에 붙여 놓고 자꾸 반복해서 외우는 것도 좋은 방법이다.

09

공부 잘되는 곳이 따로 있다

공부가 잘 안 된다면 잘되는 곳을 찾으면 된다. 화장실에서는 유독 영어단어가 잘 외워진다는 학생들이 있다. 또 공부방을 바꾸었더니 이상하리만큼 집중력이 생겨서 공부가 잘된다는 경험담을 들려주는 경우도 있다. 혼자서 공부하는 것보다 여럿이 함께 할 때가 공부가 더 잘되는 경우도 있다.

공부하려는 학생이라면 자신에게 공부가 잘되는 장소가 어디인지 알고 있어야 한다. 학원에서 반강제적으로 시켜야 공부가 잘되는 사람, 자유로운 분위기에서 공부가 잘되는 사람, 사람마다 집중 잘되는 장소가 다르기 때문에 자신이 공부 잘되는 장소를 아는 게 공부 열심히 하는 것만큼이나 중요하다.

"난 도서관에서 공부할 때가 가장 집중이 잘돼!"

가까운 도서관이나 평생학습관 열람실을 이용해서 공부했을 때 공부가 잘되는 경우도 있다. 도서관에서 공부할 때 학습력이 많이 향상되었다는 보고도 있다. 도서관에서 공부 잘되는 사람들은 엄숙한 분위기 속에서 다른 사람들이 열공하는 모습을 볼 때 경쟁력도 생기면서 집중력이 급상승하는 경우이다. 책장 넘기는 소리만 가득한 도서관! 조용함 속에서 집중이 잘되는 사람들은 같이 온 친구들끼리 속닥속닥 떠드는 소리가 들리면 집중력이 와르르 무너져 버리는 경우도 있다.

"난 집에서 공부할 때 가장 집중이 잘돼!"

편안한 옷을 입었을 때 공부해야 잘되는 이도 있을 것이다. 남들 시선 전혀 의식할 필요 없기 때문에 공부에 더욱 집중할 수 있을 것이다. 그렇지만 집에서 공부하면 TV와 컴퓨터의 유혹이 클뿐더러 공부 시작하려면 괜히 책상 정리, 방 정리를 하고 싶은 욕구가 스멀스멀 올라오기 때문에 위험할 수 있다.

"난 카페에서 가장 집중이 잘돼!"

웅성웅성 사람들의 말소리와 음악소리가 일정하게 들리는 카페에서 공부하는 모습이 멋져 보이나? 대학생이나 일반인들에게서 많이 찾아볼 수 있는 유형이다.

백색소음이라는 말이 있다. 백색소음은 아주 조용하기보다 소음이 일정하게 들리는 것을 말하는 것이다. 일정한 소리가 들린다면 소음이 전혀 없을 때보다 집중력이 쑥쑥 상승한다. 음악소리, 말소리가 일정한 주파수로 들릴 땐 귀에 금방 익숙해져서 안정감을 주기 때문일 것이다. 계속 똑같은 패턴으로 들리는 빗소리도 백색소음으로 볼 수 있다.

가장 잘되는 방법이 무엇인지 실제로 행동해 보지 않고는 알 수 없다. 나에게 맞는 공부 방법이 무엇인지 아래에 써보자.

그렇다. 이제 알았다면 실천에 옮기는 것이다.
공부 잘되는 나의 장소로 Go Go!!

10

중학교 생활의 궁금증

1) 중학생 자기 관리법 – 초등학교와 중학교 생활은 어떻게 다른가?

(1) 과목마다 선생님이 다르다

초등학교와 달리 과목마다 선생님이 다르다 보니 담임선생님 말고 함께 부딪힐 일이 적은 과목도 있다. 학기 초에 자신이 좋아하거나 싫어하는 과목에 따라 선생님에 대한 선호도가 다를 수 있다. 이와 반대로 좋아하거나 싫어하는 선생님에 따라 좋아하는 과목이 달라질 수가 있다. 과목에 대한 선입견 없이 선생님을 대하거나 선생님에 대한 선입견 없이 과목에 충실하는 태도를 가질 필요가 있다.

학생들은 과목마다 선생님이 다르더라도 서너 분의 선생님을 대하는 것이라 금방 익힐 수 있지만, 선생님은 각 반마다 수많은 학생을 대해야 하기에 자칫 학기가 끝날 때까지 내 이름조차 외우지 못하는 경우가 생길 수 있다. 내가 선생님을 아는 것만큼 선생님도 당연히 나를 알아볼 것이라 착각하지 말고 적극적으로 수업에 임해서 각 과목별 선생님에게 자신의 존재감을 확실히 알리는 것이 중요하다.

(2) 숙제가 많다

초등학교 때는 담임선생님이 전체 숙제량을 파악할 수 있기 때문에 과목별로 적정량을 조절하여 숙제가 많지 않다. 하지만 중학교에서는 과목마다 선생님이 다르기 때문에 전체 숙제량을 조절하기 힘들다. 공부량이 많기도 하지만 각 과목별로 숙제가 주어지기 때문에 숙제가 많아진다. 또한 어떤 과목은 며칠 후에 수업이 시작되기 때문에 자칫 미뤄두었다가 깜빡할 때도 있다. 가급적 숙제는 집에 와서 그날 중으로 처리하는 것이 좋다.

(3) 수행평가가 있다

수행평가는 주로 모둠별로 이루어진다. 혼자 잘하는 것보다 협동과 단합을 필요로 한다. 괜히 너무 튀건 혼자서 잘해놓고도 좋은 평가를 못 받을 수 있다. 이와 반대로 누군가 알아서 할 것이라며 혼자서 뒤로 빠지면 친구들에게 피해도 줄 뿐 아니라 자칫 모둠에서 소외를 당할 수 있다. 적극적으로 참여하되 협동과 단합을 위해 노력하는 자세를 가져야 한다.

(4) 1년에 4번 정기 시험이 있다

학기별로 중간고사와 기말고사가 있다. 고등학교 입시에 큰 영향을 끼치기 때문에 결코 소홀히 여길 수 없다. 과목에 따라 좀 다르지만 대체로 중학교 때는 초등학교 때보다 어려운 문제를 다룬다. 주요과목인 국어, 영어, 수학은 1학년 때 기초를 다져놓지 않으면 학년이 올라갈수록 따라잡기 힘든 과목이라는 것을 염두에 두고 특히 신경을 써야 한다. 시험이 끝난 다음에 시험지를 버리는 경우가 있는데 이는 참으로 어리석은 행동이다. 물론 학년이 올라가기 때문에 똑같은 문제는 나오지 않겠지만, 그렇게 틀린 문제가 기초에 해당하는 문제라면 그것을 소홀히 한만큼 계속 손해를 보기 쉽다. 시험이 끝날 때마다 시험지를 모아 두고, 틀린 문제를 중심으로 왜 틀렸는지 원인을 분석해야 한다.

(5) 봉사활동을 반드시 해야 한다

봉사활동을 단순히 상급학교 진학할 때 보탬이 되는 것 정도로 여겨서는 안 된다. 실제로 봉사활동을 한 것과 대충 봉사활동 점수만 쌓아 놓은 것은 본인의 마음에 큰 차이를 남긴다. 상급학교 진학 시 자기소개서를 쓸 때 직접 체험한 경우에는 그만큼 쓸 내용도 많고 확신에 찬 느낌을 쓸 수 있지만 점수만 쌓아 놓았을 때는 뭔가 양심에 찔리는 것이 있어 쉽게 쓰기 어려운 부분이 있다. 봉사활동은 반드시 직접 해보는 것이 좋다. 힘들지 몰라도 그것을 통해 얻는 것은 상상 이상이다.

11

목표를 갖는 것

1) 학업성취의 목표를 분명히 하라

명확한 목표를 세우는 것은 중요한 일이다. 하지만 현실에서 중학교 때부터 확신을 갖고 목표를 수립하기란 쉽지 않다. 특히 내가 이루고자 하는 것과 부모의 기대가 다를 때는 자칫 목표를 세우는 일 때문에 큰 스트레스를 받을 수 있다. 이때는 분명하게 학업성취에 대한 목표를 세우자. 나중에 확실한 목표를 세웠을 대 성적 때문에 발목을 잡힌다면 그것만큼 후회스러운 일도 없을 것이다.

(1) 특목고를 준비하는 학생들에게

특목고는 학업성적이 좋은 친구들이 모이는 곳이다. 배우는 것을 재미있어 한다면 진학 후에 설사 석차가 떨어지더라도 친구들과 어울리며 학창시절을 유익하게 보낼 수 있다. 하지만 오로지 성적이 전부인 양 매달린다면 치열한 경쟁 속에서 좌절감을 맛볼 수 있다. 너무 성적에 연연하지 말고 진심으로 공부를 즐기는 마음을 갖도록 노력해야 한다.

(2) 일류대학을 목표로 하는 학생들에게

"공부가 제일 쉬웠어요."

일류대 대학생들이 아무렇지 않게 하는 망언(?) 중 하나다. 하지만 일류대 대학생이 되고 싶다면 먼저 공부가 제일 쉽다는 마인드를 가져야 한다. 성적에 연연해 하지 말고 공부 자체를 즐기는 마음을 가져야 한다. 아울러 한번쯤 진학을 꿈꾸는 일류 대학을 방문해서 캠퍼스를 거닐어 보는 것도 좋은 방법이다. 이미 원하는 대학교의 학생이 되었다는 마음으로 캠퍼스 생활을 하고 있는 자신의 모습을 그려 보자. 대학교에서 필요로 하는 능력이나 성적을 갖추려는 의지가 생기는 것을 느낄 수 있다.

(3) 시간 아끼기

사람에게는 똑같은 24시간이 주어진다. 하지만 그 시간을 쓰는 것은 사람에 따라 다르다. 어떤 사람은 특별히 하는 일 없이 시간에 쫓

기며 살지만, 어떤 사람은 하는 일이 많은데도 항상 여유롭게 사는 경우도 있다. 학창시절에는 하는 일이 거의 뻔하다. 반드시 시간계획표를 짜보자. 계획대로 시간을 보내면 여유가 생기지만 계획 없이 살다 보면 매번 시간에 쫓기는 삶을 살게 된다. 사회에 나오면 계획하기 힘든 일도 많이 생기기 때문에 가급적 학창시절에 계획표를 세워 여유 있게 사는 습관을 들이는 것이 좋다. 습관이 생활화 되면 그것만큼 편한 것도 없다.

(4) 좋은 친구 사귀기

좋은 친구는 일로 맺어지는 경우가 많다. 학창시절에 아무리 붙어 다녔던 친구라도 사회에 나왔을 때 일이 다르면 만날 일이 적고 어울릴 시간이 적다. 그런데 비슷한 계통의 일을 하면 필요에 의해서도 자주 만나게 되면서 평생 우의를 다져갈 수 있다. 학창시절에 가장 좋은 친구는 학업으로 맺어지는 친구다. 가급적 학업에 충실한 친구를 사귀어라. 그런 친구가 평생을 함께 할 확률이 높다.

(5) 좋은 습관을 들이자

좋은 습관과 나쁜 습관은 스스로 점검해 볼 수 있다. 지금은 좀 힘들지만 나중을 위해 꼭 필요한 습관이라면 좋은 습관이다. 예를 들어 똑바른 자세로 앉거나 억지로라도 미소 짓는 습관은 지금은 힘들어도 나중을 위해서 꼭 필요한 습관이다. 좋은 습관은 한 살이라도 어릴 때 들이는 것이 좋다. 선생님이나 부모님이 강조하는 것은 반드시 좋은 습관으로 들이는 것이 좋다. 반면에 지금 당장은 편하지만 나중에 버려야 할 습관이라면 나쁜 습관이다. 예를 들어 자고 싶을 때 자고, 먹고 싶을 때 먹는 습관은 지금은 편하지만 나중에 비만이나 게으름을 불러일으키는 습관이기에 애초에 내 것으로 만들지 말아야 한다.

⑹ 컴퓨터와 휴대전화

컴퓨터와 휴대전화는 많은 정보를 주고받을 수 있기 때문에 완전히 끊을 수는 없다. 또한 사회에 진출했을 때는 컴퓨터와 휴대전화 사용 능력이 성공의 중요한 잣대로 쓰일 수 있기 때문에 결코 소홀히 할 수 없다. 하지만 모든 것은 지나치면 모자란 것만 못할 때가 많다. 컴퓨터와 휴대전화는 사용하면 할수록 빠져들게 하는 중독성을 지니고 있다. 아울러 전자파의 발생이 우리의 두뇌에 부정적인 영향을 끼친다는 연구결과도 있다. 적당한 선에서 즐기고 절제할 줄 알아야 한다. 특히 시험을 볼 때는 컴퓨터와 휴대전화는 무용지물이다. 시험에서 좋은 평가를 받으려면 최대한 컴퓨터와 휴대전화는 절제할 줄 알아야 한다.

여기까지 읽은 학생이라면 이제 공부할 준비가 되었다고 볼 수도 있다.

학생의 본분은 뭐니 뭐니 해도 공부에 있다.

학과별 공부는 어떻게 해야 하는지 알아보자.

부모님께 : 공부 방법을 잘 이해하지 못하는 아이들에게는

여기에 제시된 방법대로 이끌어주셔도 좋습니다.

PART 2

주요 과목별 구체적 학습법

01 국어 학습법

02 영어 학습법

03 수학 학습법

04 과학 학습법

05 사회 학습법

06 기타 과목 학습법

국어 학습법

1) 초·중·고의 차이점

"초등학교 때는 항상 90점 이상을 받았는데, 중학교 때는 국어가 왜 이렇게 어려워요?"

"초등학교 때는 국어 공부를 어떻게 했는데?"

"문제집 한 번만 풀어도 점수는 좋았어요. 어차피 답이 문제에 다 나와 있잖아요. 그런데 중학교 때는 문제가 쉽지 않네요. 어쩌면 좋죠?"

"중학교 때도 시험지 문제만 잘 봐도 문제 중에 답이 나와 있는 게 많지 않니?"

"그건 그래요. 하지만 그렇지 않은 것도 많잖아요?"

중학교 1학년 1학기 중간고사와 기말고사가 끝나고 나면, 이렇게 고민을 털어놓는 아이들이 의외로 많다. 초등학교 때 국어공부는 문제집을 한 번만 풀어보고 가도 거의 90점 이상은 받았는데, 중학교 때에는 문제집 한 번 풀어보는 것만으로는 어림도 없기 때문이다. 중학교 1학년 1학기 때 국어에 자신감이 잃게 되면 그 다음부터는 아예 국어를 포기하거나 또는 국어는 70점대를 유지하는 것으로 마음 편하게 먹는 아이들도 있다.

(1) 왜 중학교에서는 초등학교 때 공부 방법이 통하지 않는가?

"국어는 열심히 해도 80점을 넘기가 힘들어서 대충하고 있어요. 그래도 항상 70점 밑으로 떨어져 본 적은 없어요. 괜히 고생해 봤자 점수가 크게 오르지도 않더라고요."

한번은 중학교 2학년 학생이 이렇게 고민을 털어놓은 적이 있다. 그동안 영어와 수학은 학원에 다니면서 항상 80점 이상을 받았다는 것이다. 국어는 초등학교 때 별로 공부하지 않아도 좋은 점수가 나오기에 그동안 영어와 수학에만 신경을 썼는데 한 학년을 마치고 보니까 국어 점수가 점점 불안해지기 시작한다는 것이다. 초등학교 때처럼 문제집을 푸는 것으로 시험공부를 했지만 생각처럼 쉽지가 않았다는 것이다. 그래서 이대로는 안 되겠다 싶어서 여간 고민이 아니라고 했다.

그렇다면 이런 문제는 어디에서 생기는 것일까?

그것은 초등학교와 중학교의 국어 교과서의 문제라기보다는 바로 시험문제의 차이라고 할 수 있다. 초등학교는 시험을 보더라도 내신

관리를 할 필요가 없기 때문에 비교적 문제가 쉬운 편이다. 제시문만 잘 읽을 줄 알고, 한 번쯤 문제집을 풀어만 보면 웬만한 답이 문제 속에 다 드러나 있다. 주관식 문제도 창의력을 존중한다는 의미에서 예상 답안에서 크게 벗어나지만 않으면 무난하게 맞는 답으로 처리를 해 주는 것이 초등학교 국어 시험의 특징이다.

(2) 중학교 때는 문제와 답지에 쓰이는 한자용어가 중요하다

중학교에서는 시험성적이 고등학교 입시에 그대로 반영되는 내신 점수로 산정되기 때문에 문제가 까다로울 수밖에 없다. 또한 학교에서는 내신 성적을 산출해야 하기 때문에 채점에 공정성을 기하고, 객관적인 채점으로 성적 때문에 생기는 말썽을 없애기 위해서 창의력을 묻는 주관식 문제가 아예 없는 경우가 많다. 사실상 모든 문제가 오지선다형 객관식 문제이다.

그러다 보니까 시험을 보는 동안 잠깐 딴 생각만 해도 긴가민가 헷갈려서 틀리는 문제가 많이 생기기 마련이다. 나중에 시험이 끝난 다음에 다시 보면 분명히 아는 문제인데, 시험 볼 때 착각해서 틀린 경우가 많은 이유가 여기에 있는 것이다.

그리고 중학교 때는 초등학교 때보다 훨씬 많은 한자용어가 객관식 문제의 답지로 출제되고 있다. 문제는 알겠는데 답지에 나온 한자용어의 뜻을 알지 못해 틀리는 경우도 많다. 이것은 시험을 볼 때 고정적으로 쓰이는 한자용어에 대한 배경 지식이 없어서 선생님이 문제를 설명해 주면 답을 찾는데, 스스로 문제를 풀게 하면 정작 문제 자체를 몰라서 답안을 찾지 못하는 것과 같은 맥락인 것이다.

따라서 중학교 때는 문제에 자주 나오는 한자용어의 정확한 뜻풀이에 신경을 써야 할 필요가 있다. 문제와 답지에 쓰인 한자용어의 뜻만 정확하게 알고 있어도 문제는 의외로 쉽게 풀 수 있기 때문이다.

(3) 고등학교 때는 배경지식과 집중력이 중요하다

"선생님, 저도 수능 문제 좀 풀어보게 문제 좀 구해 주세요."

중3 학생이 수능이 끝나자 이렇게 말했다.

"그래, 한 번 끝까지 풀어봐. 몇 점 나오나 채점해 보자."

학생은 바로 그 자리에서 문제를 풀기 시작했다. 앞의 듣기평가를 빼고 80분 동안 풀어보라고 시간을 주었다.

"선생님, 이 문제는 도저히 못 풀겠어요."

학생은 고전문학은 아예 손도 대지 못했다.

"그래, 그것은 고등학교 때 가서 배워야 풀 수 있는 문제니까 그냥 넘어가도 돼. 알겠지?"

물론 수능의 언어영역에 나와 있는 문제는 중3 학생도 기본만 되어 있으면 얼마든지 풀 수 있는 내용이다. 실제로 이 학생은 아예 손도 대지 못한 고전문학 9문제만 빼고 나머지 문제는 거의 다 맞혔다. 60문제 중에 듣기 평가 6문제를 보태 15문제를 빼고 40문제를 맞혔으니까 실제로는 5문제가 틀렸다고 할 수 있는 것이다.

"너, 이거 어려웠을 텐데 어떻게 풀었어?"

"그냥 제시문과 문제를 잘 보니까 그중에 답이 보이던데요."

“……….”

부러운가요? 여러분 주변에도 이런 친구는 많다. 수능의 언어영역 문제에 출제된 제시문은 거의 배우지 않은 것인데도 의외로 쉽게 푸는 친구들이 많은 것이 현실이다.

그렇다면 그 비결은 무엇일까?

① 수능에서 집중력이 필요한 이유는 무엇인가?

국어에서 가장 필요한 것은 집중력이라고 할 수가 있다. 특히 수능에서 언어영역은 더욱 그렇다. 60문제를 90분 동안 한 자리에 앉아서 풀어야 하는데, 평소에 진득하게 자리에 앉아서 공부하는 습관을 들이지 못한 학생은 90분이라는 시간 자체만으로도 여간 고역이 아닐 수 없다.

언어영역은 실제로 시간 안에 풀지 못하는 학생들이 엄청 많은 것이 사실이다. 시간이 부족해서 못 푸는 것도 있지만, 한 자리에 오래 앉아 있다 보니까 집중력이 흩어져서 문제를 보고 또 보다가 시간을 허비하는 경우가 많기 때문이다. 그러다 보니 채점을 할 때는 분명히 아는 답인데도 틀리는 이유가 바로 집중력에 있는 것이다.

예전에 어떤 학원에서 학생들을 맡겨만 주면 10점 이상을 올려 준다고 광고를 했는데, 실제로 그 학원에서 모의고사를 본 학생들이 10점 이상을 올려서 광고효과를 톡톡히 본 적이 있었다. 그런데 나중에 알고 보니까 그 학원에서는 모의고사를 풀 때 학생들에게 시간제한을 두지 않았던 것이다. 그러니까 아이들은 문제를 여유 있게 풀 수 있었고, 문제를 끝까지 푼 상태에서 채점을 하니까 당연히 10점 이상이 오른 것이다. 즉 이것은 학생들이 학원에서 치른 모의고사는 높게 나올지 몰라도 그것이 실제로 수능 점수와 연결되지 않을 수도 있다는 것을 보여 주는 것이다. 그러면서 실제로 수능 점수를 많이 받기 위해서는 먼저 실제처럼 90분이라는 시간 안에 문제를 풀 수 있는 집중력에 대해서 신경을 써야 한다는 것을 보여 주는 사례이기도 하다.

② 중학 과정의 배경지식이 반드시 필요한 이유는?

고등학교 국어를 위해서는 반드시 중학과정에 배경지식을 알고 있어야 한다. 고등학교 국어가 중학교 국어와 크게 다른 점이 있다면, 사실 한자말이 많이 쓰인 고전문학이 있다는 것 정도이다. 문제는 중학 과정의 배경지식을 몰라서 생기는 것이다. 고등학교 때는 시험문제에 자주 출제되는 기본 용어들을 중학교 때처럼 세심하게 반복해서 가르쳐 주지 않기 때문이다.

간단한 예로 다음 예시를 들어 보자.

예시 "펜은 칼보다 무섭다."
이 말은 나폴레옹이 한 말로 이 말은 격언이기 때문에 엄밀한 의미에서 풍유법에 속합니다. 그러나 이 말이 답지로 나왔을 때는 풍유법보다 대유법의 예시로 많이 쓰이고 있다는 것을 알아야 합니다. 펜의 원관념은 문화력이고, 칼의 원관념은 무력을 나타내는 대유법의 답지로 많이 활용되고 있는 것입니다.

이것은 중학교 1학년 때 배우는 비유법의 일부이다. 따라서 고등학생인데도 이 말의 뜻을 모르겠다면, 먼저 자신의 실력을 분명히 인정하고 중학교 과정의 배경지식을 점검하는데 시간을 투자해야 한다. 학교 선생님이나 웬만한 학원 선생님들은 고등학생이라면 이 정도는 당연히 알 것이라고 여기고 보충 설명 없이 다음 진도를 나가기 때문이다.

따라서 고등학교 때 국어 시험이 어렵다는 학생은 다시 한 번 중학교 때 배운 기본 배경지식을 먼저 확실하게 알아 둘 필요가 있다. 즉 중학교 때, 특히 중학교 1학년 때 국어 시간에 배운 이와 같은 배경지식은 반드시 숙지하고 넘어가야 한다. 만약에 중학과정의 배경지식을 소홀히 여긴다면 여러분은 바로 그것 때문에 고3 때까지 두고두고 국어 시험에 스트레스를 받게 될 것이다.

(4) 국어 시험에서 반드시 알아야 할 것은 무엇인가?

중·고등학교의 국어 시험은 내신 성적의 중요성과 채점의 편리성과 공정성 때문에 거의 객관식으로 이루어져 있다. 그래서 간혹 창의성이 뛰어난 아이들은 객관식 문제의 함정에 빠져 헤어 나오지 못하는 경우가 많다.

먼저 여러분은 어느 쪽에 속하는지 다음의 예시 문제를 보고 점검해 보자.

과연 인간이 밥을 먹는 궁극적인 이유는 무엇일까?

"당연히 1번 배가 고파서가 아닐까요."

"땡! 틀렸어."

"그러면 2번에 죽을까 봐?"

"땡! 틀렸어."

"아, 맞아요! 4번의 살기 위해서요."

"딩동댕! 맞았다. 그런데 왜 1번과 2번은 틀리고 4번만 맞는 답일까?"

"글쎄요, 저는 배가 고플 때 밥을 먹는데 왜 1번은 틀리는 거죠?"

중·고등학교 때 5지선다형인 국어 시험문제의 핵심은 바로 여기에 있다.

이 문제에서 왜 4번만이 답이고, 1번과 2번이 틀리는지 그 이유를 확실하게 안다면, 5지선다형 객관식 문제로 치러지는 국어 시험의 핵심을 잡게 되는 것이다.

이 문제에 대한 답은 뒷부분에서 다시 한 번 설명하기로 하자.

2) 반드시 알아야 할 용어들은 꼭 익히자

"선생님, 논설문은 주관적이고, 설명문은 객관적이라는데 이게 무슨 뜻이에요?"

중학교 2학년만 되도 이 정도는 당연히 알 것이라고 생각하고 선생님들이 그냥 설명을 하고 나가고 있다. 따라서 1학년 때 이 말뜻을 정확하게 알아 두지 못하면 중학교 2, 3학년이 되도록 시험에서 계속 손해를 볼 수 있는 것이다. 국어 시험에서는 이런 낱말들이 답지에 수없이 나오기 때문이다.

예시

1. 위와 같은 글(설명문)의 특징으로 옳지 않은 것은?

　① 사실성　② 객관성　③ 논리성　④ 평이성　⑤ 주관성

2. 다음 시의 성격으로 가장 알맞은 것은?

> 우리가 눈발이라면
> 잠 못 든 이의 창문 가에서는
> 편지가 되고
> 그이의 깊고 붉은 상처 위에 돋는
> 새 살이 되자

　① 의지적　② 애상적　③ 향토적　④ 민요적　⑤ 예찬적

1번은 실제로 중학교 2학년 2학기 중간고사에 나왔던 문제이다.

한 학생이 이 문제를 틀려서 이렇게 물었다.

"선생님, 논리성은 논설문에 있는 거잖아요?"

"그렇지."

"그런데 어떻게 설명문에 논리성이 있어요?"

"설명문은 남에게 어떤 사실을 알려주기 위해서 쓰는 거잖아? 그런데 글을 쓸 때 논리성이 없으면 어떻게 해?"

"선생님도 참, 논리성은 논설문에 있는 것이고, 설명문에는 체계성이 있는 것 아닌가요?"

그래도 이 정도로 따질 정도면 열심히 공부를 한 학생이다. 실제로 이 학생은 이 한 문제가 틀려서 96점을 받은 학생이었다.

"논리성과 체계성의 차이는 뭐라고 생각하는데?"

".........?"

"이치에 맞고 논리 정연하게 쓴 것을 논리적이라고 한다면, 주제를 효과적으로 전달하기 위해 체계를 갖춰 쓴 글이라는 체계적이라는 말과 큰 차이가 없잖아?"

"그래도 그게……."

"설사 논리적이 답일 것 같다고 하더라도 답지를 끝까지 읽어보면 5번의 주관성이라는 것에 주목을 했어야지. 주관적이라는 것이 뭔데?"

"그야 글쓴이의 생각이나 느낌이 들어가는 것을 말하죠."

"정보 전달을 목적으로 하는 설명문에 주관성이 개입된다면 어떤 일이 벌어질까? 사람들이 그 정보를 신뢰할 수 있을까?"

"그게 그렇게 되네요."

　그래도 이 학생은 답지에 사용된 용어의 뜻을 정확히 알고 있다. 단지 문제는 시험을 보면서 답지를 끝까지 읽어보지 않고, 논리성이라는 말에 걸려 착각을 해서 그 문제를 골랐던 것이다. 이런 경우를 당할 때마다 과연 우리의 국어 시험이 이런 식으로 치러져야 하는가에 대한 불만이 쌓이기는 하지만 현실적으로 어쩔 수가 없다.
　2번 문제를 놓고도 비슷한 상황이 벌어졌다.
　"선생님, 이 시가 왜 의지적이에요? 누구한테 의지한다는 거예요?"
　"여기서 의지적이란 그런 뜻이 아니야. 우리가 국어 시간에 배우는 의지적이란 자신의 굳센 뜻을 내세운다는 뜻이야. 이 시는 가난한 이웃을 위하는 사람이 되자고 자신의 강한 뜻을 내세우고 있잖아. 그러니까 의지적이라는 1번이 맞는 답이지. 도대체 너는 몇 번을 찍었는데?"
　"저는 의지적이라는 것은 남에게 의지한다는 뜻인 줄 알았어요. 그래서 애상적이라는 2번을 찍었어요. 사랑 애(愛)자를 써서 뭔가를 사랑한다는 뜻인 줄 알았거든요. 그게 아닌가요?"
　그렇다면 2번의 애상적이 답이 아닌 이유는 무엇일까?
　여기서 애상적이라는 것은 슬플 애(哀)를 쓰는 것이다. 즉 국어 시험에서 답지로 애상적이라는 말이 나오면 슬픈 분위기를 표현하는 것으로 이해해야 하는 것이다.

3) 오답 노트 활용법

(1) 열심히 공부했는데 실수로 틀렸다면?

"선생님, 너무 억울해요."

"뭐가?"

"세상에, 토지의 작가 이름을 쓰라는 문제를 틀렸잖아요."

"뭐라고 썼는데?"

"박경림이요."

"뭐라고? 너, 지금 코미디하는 거지?"

"저도 이게 코미디였으면 좋겠어요. 속상해 죽겠어요."

"지금은 누군지 알아?"

"그럼요, 박경리잖아요. 그런데 왜 그 순간에 박경림밖에 생각이 나지 않은 거죠?"

"너 스스로는 왜 그랬을 거라고 생각하는데?"

"저도 모르겠어요. 매번 국어 시험 볼 때마다 이런 일이 꼭 한두 개씩 생겨요. 사실 국어는 몰라서 틀리는 건 거의 없어요. 꼭 이렇게 결정적일 때 헷갈려서 틀리지……."

물론 이런 경우는 공부를 열심히 한 학생들한테 자주 발생하는 일이다.

공부에 관심이 없는 학생들이야 앞부분에서 다룬 기본적인 지식이 부족해서 틀리는 것은 어쩔 수 없다. 이런 학생들은 앞부분에서 다룬 내용들을 중심으로 열심히 공부를 하는 것이 우선이기 때문이다.

그런 다음에 나는 열심히 공부를 했는데도 시험 볼 때마다 결정적인 실수로 노력한 만큼 점수가 나오지 않는다고 생각하는 학생들은 이쯤에서 한 번쯤 생각을 해봐야 한다.

물론 공부란 열심히 하는 것이 초선이다. 할 수만 있다면 남들보다 문제집 한 권이라도 더 풀어보는 것이 가장 공부를 잘하는 방법일 것이다. 그런데 우리 주변에는 분명히 공부는 남들보다 더 열심히 하는 것 같은데 시험성적은 좋지 않은 학생들이 많은 것이 현실이다.

(2) 객관식 문제의 특징을 파악하자

이쯤에서 우리는 다시 한 번 앞부분에서 다뤘던 문제를 짚어볼 필요가 있다.

> **예시** ◉ 다음 중 우리 인간이 밥을 먹는 궁극적인 이유는 무엇인가?
>
> ① 배가 고파서   ② 죽을까 봐
>
> ③ 심심해서   ④ 살기 위해서
>
> ⑤ 남이 먹으니까

사실 토지의 작가로 '박경리'를 써야 할 답안지에 '박경림'을 써서 틀리는 것보다 더 억울한 것이 바로 위와 같은 문제일 것이다. 박경림이야 분명히 내가 잘못 알아서, 사전에 내가 확실하게 알아두지 못해서 틀렸다는 위안이라도 삼을 수 있기 때문이다.

그런데 위와 같은 문제는 어떻게 해야 할까?

인간이 밥을 먹는 이유가 무엇이라고 생각할까?

"배가 고파서요."

"땡!"

"죽을까 봐요."

"땡!"

"살기 위해서요."

"딩동댕!"

"선생님, 그런데 배가 고파서 밥을 먹는다는 것이 왜 틀려요?"

"죽을까 봐 밥을 먹는다는 게 왜 틀려요?"

국어 시험이 5지선다형의 객관식 문제로 출제되면서 이런 문제제기를 받을 소지가 있는 문제들이 참으로 많다. 중요한 것은 객관식 문제에서는 답지 중에 모든 것을 아우를 수 있는 상위개념을 가진 것을 선택해야 한다는 것이다.

이 문제도 '배가 고파서'나 '죽을까 봐' 밥을 먹는다는 것이 틀리는 것이 아니라, 이것들은 궁극적으로 '살기 위해서'라는 것에 포함된다고 볼 수 있기 때문이다.

실제로 국어 시험에서는 이런 문제 유형이 참으로 많다.

"다음 중 가장 옳은 것은?"

"궁극적인 목적은?"

"근본적인 이유는?"

이와 같은 문제가 출제되었을 때 여러분은 바로 '가장', '궁극적인',

'근본적인'이라는 말에 주의를 기울여야 한다. 이것은 곧 5지선다형에 답지로 나온 것들이 모두 답이 될 수는 있지만, 그중에 가장 상위 개념을 고르라는 것이다. 즉 '배가 고파서' 뜨는 '죽을까 봐' 밥을 먹는 것이 틀리다는 것이 아니라, '살기 위해서'라는 것이 더 정답에 가깝기 때문에 나머지는 답이 아니라는 것이다.

"선생님, 국어 시험이 꼭 무슨 말장난 테스트하는 것 같아요."

"그렇지? 하지만 어쩌겠니? 현실이 그런데. 채점의 공정성과 편의를 위해서도 앞으로 이런 식의 객관식 문제는 계속 출제될 텐데……."

(3) 오답 노트가 필요한 이유는 무엇인가?

학생이라면 국어 시험문제를 채점했을 때 정말 몰라서 틀린 것이 더 많은지, 아니면 채점을 하면서 금방 실수를 알아차려서 억울해한 적이 더 많은지, 그리고 틀린 문제들 중에서도 정말로 답을 몰라서 틀린 문제와 답은 알았는데 시험 볼 때 잠깐 실수를 하는 바람에 틀린 문제들을 스스로 정리해 볼 필요가 있다.

정말 몰라서 틀린 문제라면 앞부분에서 다룬 배경지식이 부족해서 틀린 경우가 대부분이다. 이런 친구들은 집중적으로 중 1때부터 고 3 때까지 단골로 나오는 문제 유형에 대해서 반드시 잡아 놓아야 한다. 시험이 끝났다고, 다음에는 다른 진도에서 나온다고 그냥 넘어가면 또 그와 비슷한 문제에서 틀릴 확률이 높기 때문이다.

그리고 실수로 틀린 문제라면 그 원인을 분석해야 한다. 그렇게 틀린 문제 유형들을 한 자리에 모아놓고 보면 스스로 그 원인을 찾을 수가 있게 된다. 그런데 이런 노력을 하지 않고, 그냥 한순간의 실수일 뿐이라고 그냥 넘어가 버리면 다음에도 그와 비슷한 실수를 해서 계속 틀리는 경우가 많은 것이 일반적인 경향이다.

객관식 시험에서는 실수도 실력이라고 스스로 인정을 해야 한다. 실수를 실력이라고 인정하지 않고 그냥 넘어간다면 매번 실수를 되풀이하면서 자기 합리화를 시키기에 급급할 수밖에 없기 때문이다.

오답 노트가 필요한 이유가 여기에 있다. 스스로 오답 노트를 기록하다 보면 자신한테 부족한 부분이 무엇인지 스스로 찾아 낼 힘을 얻을 수 있다.

국어 시험문제는 한 번 봐서 맞는 문제는 또 봐도 맞게 되어 있다. 문제는 한 번 봐서 틀린 문제이거나 한 번 볼 때 대충 봐서 맞은 문제는 다음에 또 틀릴 확률이 높게 나타나고 있다.

실제로 학생들이 틀리는 문제를 보면 계속 비슷한 문제 유형에서 틀리는 것을 알 수 있다. 실수를 해도 계속 비슷한 유형의 문제에서 실수를 하고 있다는 말이다. 문제는 본인 스스로 그것을 점검하지 않는다면 옆에서 아무리 주의를 주고, 잔소리를 한다고 하더라도 그야말로 소귀에 경 읽기가 되고 마는 것이다.

4) 국어와 논술

⑴ 국어와 논술 교육의 현실

현재 우리나라에서 펼쳐지고 있는 국어 시험은 거의 모두 객관식 문제이다. 한때 논술이 강화되면서 논술 능력을 향상시키기 위해서 서술형 문제를 출제한다고 했지만, 초기에만 시행이 되다가 채점의 공정성이 문제가 되면서 서술형 문제가 사라지고 말았다. 또 어쩌다 서술형 문제가 남은 학교라 하더라도 서술형 문제의 정답이 정형화되어 있어서 큰 효과를 보지 못하고 있다.

현재 우리나라의 국어 교육은 초등학교부터 고등학교 때까지 무려 12년이 넘게 이루어지지만, 자기 소개서 하나 제대로 작성하지 못하는 학생들을 양산하는 부정적인 모습을 보이고 있다. 국어 교육에서 글쓰기 교육이 실질적으로 잘 이루어지지 않는다는 것을 보여 주는 것이다.

현재 공교육에서 글쓰기 교육을 올바로 수용하기에는 큰 제약이 따르고 있다. 글쓰기는 창의력을 강조하는데, 그 부분에서 채점자의 주관적인 평가가 이루어질 수밖에 없기 때문에 자칫하면 채점의 공정성에 대한 시비를 불러올 수 있기 때문이다.

따라서 학교에서 국어 교육은 글쓰기 평가를 제대로 할 수 없기 때문에 결국 객관식 5지선다형 문제에 익숙해지는 연습을 하는 것이 국어 공부의 능률을 올릴 수 있는 현실이다. 해마다 수능이 끝나고 나면 재학생들보다 재수생들이 강세를 보이는 이유가 바로 여기에 있다. 재수생들은 학원에서 객관식 문제에 익숙해지는 연습을 수없이 반복했기 때문이라고 할 수 있다.

그에 비해 논술은 온전히 자신이 직접 쓴 글로 완성된 답안을 작성해야 하기 때문에 논술에 관심이 있는 학생이라면 별도로 노력을 해야 한다. 특히 학교에서는 모든 학생들에게 논술 교육을 시킬 필요가 없다. 실제로 논술 시험을 치르는 대학교는 상위권 대학으로 한정되어 있다. 따라서 학교에서는 상위권 학생을 제외한 다수의 학생들에게는 논술 교육의 필요성 자체를 느끼지 못하는 경우가 많다.

(2) 국어와 논술의 연계성

국어는 분명히 논술과 많은 점에서 통하는 면이 있다.

많은 학생들이 '논술은 자신의 생각을 논리적으로 쓰는 글'이라는 사전적 의미로 알고 있지만, 현실에서 논술은 분명히 그와 다르게 쓰이고 있다.

현재 거의 모든 대학에서 출제되는 논술 문제를 보면 제시문을 요약하거나 주어진 조건에 맞춰 여러 제시문의 핵심 주제의 관계를 나타내는 답안을 요구하는 것들이 많다. 따라서 현재 대학에서 출제되는 논술 문제를 바탕으로 논술에 대한 정의를 내리자면 다음과 같다고 볼 수 있다.

'논술이란 각 대학에서 출제한 제시문의 주제를 정확하게 파악해서 요약 정리하거나, 또는 출제자가 요구하는 대로 자신의 생각을 맞춰가며 논리적으로 설득하는 글을 쓰는 것이다.'

실제로 대학 논술에서 가장 중요하게 취급되는 부분이 바로 주어진 제시문의 주제를 파악하는 것이다. 이 말을 다른 말로 바꾸면 바로 독해력이라고 할 수가 있다. 제시문을 읽고 그 글의 뜻을 이해하고 파악하지 못하면 아예 답안 자체를 작성할 수 없기 때문이다.

이런 점에서 국어와 논술은 제시문의 독해력이 필수라는 공통점이 있다. 국어를 어려워하는 학생들 중에는 주어진 제시문의 독해력이 떨어지는 경우가 많다. 즉 문제로 출저된 지문의 주제를 쉽게 찾아 내지 못한다는 것이다. 따라서 국어에서 제시문의 내용을 사실적으로 이해하는 독해력은 상당히 중요한 것이다.

따라서 여러분은 이 독해력을 키우기 위해서 많은 독서도 해야 하고, 많은 배경지식을 쌓아야 하고, 많은 문제를 접해 보아야 한다. 자신의 생각으로 나름대로 판단하는 것이 아니라 객관식으로 출제된 문제의 답지를 보고 거기에 자신의 성각을 닿추는 연습을 해야 하는 것이다.

논술이라고 해서 자기 마음대로 자신의 생각을 글로 쓰는 것이라고 생각하면 큰 오산이다. 현재 모든 대학의 논술 문제는 제시문을 주고, 그 제시문의 주제를 객관적인 관점에서 파악할 것을 요구하고 있다. 결국 국어에서 요구하는 객관적인 독해력이 바탕이 되어야 접근할 수 있는 문제들인 것이다.

따라서 논술을 별도로 준비해야 하는 학생이라면 국어 공부를 결코 소홀히 해서는 안 되는 것이다. 또한 학원에서 선행학습으로 요약해 준 대로 암기만 할 것이 아니라 먼저 스스로 그렇게 주제를 요약할 수 있는 과정을 터득하도록 노력해야 한다.

논술에서 핵심은 뭐니 뭐니 해도 글쓰기라고 할 수 있다. 아무리 독해력이 뛰어나고, 아무리 좋은 생각을 가졌더라도 올바른 문장으로 표현해내지 못하면 좋은 평가를 받을 수 없기 때문이다.

바로 이 문장력을 키우기 위해서는 국어에서의 문법 공부를 소홀히 할 수 없다. 띄어쓰기, 맞춤법은 기초적인 문법만 확실히 알고 나면 금방 바로 잡을 수 있기 때문이다. 따라서 학교에서 간혹 소홀하게 다루고 있는 문법들을 시험 볼 때만 벼락치기로 외울 것이 아니라, 좀 더 관심을 갖고 글쓰기에 어떻게 적용되는가를 이해하면서 배워야 한다. 논술을 대비해야 하는 학생이라면 분명히 성적이 상위권에 들어야 하니까 문법에 더욱 관심을 갖고 원리를 터득하는 데 노력을 기울여야 한다.

최근에는 논술시험이 수리, 영어, 탐구 논술 등으로 분리되어 실시되지만, 출제자가 요구하는 대로 자신의 생각을 맞춰 가며 논리적으로 설득하는 글을 쓰는 것에는 변함이 없다.

02

영어 학습법

1) 학교 영어 교육 강화

"모든 학생이 고등학교만 졸업하면 생활 영어로 대화할 수 있도록 하고, 영어 사교육 없이도 충분히 대학에 갈 수 있도록 한다."

정부는 이같이 학교 영어 교육의 목표를 정하고, 영어로 하는 초등학교 영어 수업시간을 확대 실시하며, 중학교·고등학교 영어 시간을 영어로 하는 수업으로 본격화하겠다고 하였다. 듣기·읽기 위주의 영어 수업에서 말하기·쓰기를 보완한 영어의 네 가지 기능이 골고루 균형 잡힌 실용 영어 교육을 실시하겠다는 것이다. 또 수학능력시험에서 영어 평가를 빼는 대신 영어 능력평가시험을 실시하여 듣기·말하기·

읽기·쓰기 평가를 하겠다고 했다.

이에 교육부는 '한국판 토익·토플' 시험이라고 할 수 있는 영어 능력평가시험으로 초·중·고 학생의 영어 능력을 평가하고, 일반인을 대상으로 한 시험도 실시하겠다고 하였다. 시험은 토플처럼 인터넷 기반 시험 방식인 IBT(Internet-Based Test) 방식으로 실시하고, 시험성적은 점수 또는 등급으로 제공하려고 한다.

이러한 정부의 영어 공교육 강화 방침은 영어 교육에서 실용 영어를 강화한다는 것이다. 정부의 이런 방침에 대해 영어 교육에 관심이 많은 학부모들은 "미리 준비하지 않으면 애들이 뒤처지고 주눅이 들지 않겠느냐. 영어 교육을 더욱 철저히 시켜야겠다."라고 하며 각오가 대단하다. 또 "영어를 잘하는 애들은 따라갈 수 있지만 그렇지 않은 애들은 학교 영어를 따라갈 수 없으니까 지금부터라도 학원이나 과외를 시켜야겠다."고 걱정이 이만저만 아니다.

이처럼 정부가 학교 영어 교육을 강화하려고 하는 것은 이제까지 학교 영어 교육에 많은 문제점이 있었음을 인식하고 이를 고치려고 하기 때문이다.

지금까지 학교에서 10년을 넘게 영어를 배워도 말 한 마디 제대로 하지 못하는 비현실적인 영어 교육을 실시해 왔다. 학교에서 죽으라고 공부했지만 영어 회화를 하려고만 하면 머리에서 뱅뱅 돌기만 하고 꿀 먹은 벙어리가 되기 일쑤였다. 특히 외국인 앞에서는 더더욱 얼어붙어 입도 떼지 못하고 벌벌 떠는 영어 교육을 받아왔다. 이러다 보니 아예 영어 공부를 포기하는 학생들도 있었다.

현재 나라 간의 세계화는 더욱 진행되고 있고, 영어는 국제 공용어로 확고한 자리를 잡고 있다. 우리나라에서는 학교시험이나 대학입학시험, 회사의 취직시험, 공무원시험 등에서 영어는 더욱 중히 여겨지고 있다. 뿐만 아니라 회사나 공직 사회의 진급시험에서도 영어가 큰 자리를 차지하고 있다. 그래서 학교뿐만 아니라 사회 모든 곳에서 모두들 어떻게 하면 영어를 더 잘할 수 있을까 고민하고 열심히 배우려고 하고 있다.

앞으로 정부는 비현실적이고 비실용적인 영어 교육을 학교에서 영어 교육만 받아도 듣고 말하고 쓸 수 있는 실용 영어 교육이 되게 하겠다는 것이다. 그러나 영어 교육이 그렇게 된다고 하더라도 우리가 영어를 잘하기 위해 공부하는 데는 큰 변화가 없다. 단지 더는 비효율적인 영어 공부를 위해 쓸데없는 시간과 노력을 기울이지 않아도 된다는 것이다. 곧 남들보다 더 나은 영어를 할 수 있게 영어를 공부해야 하는 데는 큰 변화가 없다는 말이다.

그렇다고 그렇게 실망할 필요는 없다. 같은 노력을 들이더라도 영어를 가장 효율적인 방법으로 보다 쉽게 공부하여 더 나은 효과를 얻으면 되니까 말이다. 그러면 남들보다 영어를 더 잘하고 쉽게 공부하는 방법은 무엇일까? 어떻게 하면 영어를 더 잘할 수 있을까?

2) 영어 공부에는 왕도가 없다

"어떻게 하면 영어를 잘할 수 있어요?"

많은 학생들이 이렇게 물으며 쉽고 더 나은 방법으로 영어를 공부하고 싶어 한다. 그러다 보니 서점에는 영어를 잘하는 방법에 대한 책들이 수도 없이 많이 나와 있다. 또 영어 공부 방법들에 대해 여러 가지 다양한 방법들을 저마다 말하고 있다. 그런데 그 방법들을 살펴보면 결국 '영어 공부에는 왕도가 없다.'라는 점이다. 곧 끈기 있게 꾸준히 공부해야 영어를 잘할 수 있다고 말하고 있다.

"영어를 잘하려면 늘 쓰려고 노력하는 자세가 가장 중요합니다."

미국 국무부에서 외국인 영어교육을 담당하고 있는 영어교육 전문가 레슬리 박사는 가장 효과적인 영어 학습 방법은 생활 속에서 반복하는 학습이라고 강조하였다. 영어 같은 외국어의 습득은 '틀리는 것을 두려워하지 않고 습관적으로 자주 사용하는 것' 외에는 별다른 왕도가 없다고 하였다. 또 효과적인 영어 학습 방법의 더욱 중요한 요소로 관심과 흥미를 꼽았다.

우리가 영어를 잘하고 싶어서 열심히 공부하고 노력하여도 쉽게 영어를 잘하지 못하는 이유가 있다. 먼저 영어를 언어라고 생각하기보다는 어렵고 재미없는 과목이라고 생각하기 때문이다. 또 영어를 말할 때 조금이라도 틀리면 무척 부끄럽게 생각한다. 그리고 영어를 듣고 말할 때 우리는 먼저 우리말로 영어를 일일이 번역하려 든다. 전체를 듣기보다는 한 단어에 매달리다가 모든 것을 놓쳐 버리는 것이다.

이러다 보니 영어를 잘하지도 못할 뿐만 아니라 흥미를 잃게 되고, 영어는 어렵고 재미없는 것이라 생각한다. 또 영어를 공부하고 연습하는 것이 지겹고 싫기만 한 것이다.

(1) 영어를 재미있게 꾸준히 공부하자

영어는 언어다.

언어는 재미있게 공부해야 관심과 흥미가 일어나고 쉽게 익힐 수 있다. 그러므로 영어를 잘하려면 재미있게 공부해야 한다. 영어를 재미있게 공부하는 방법 중 좋은 방법은 먼저 자신이 좋아하고 재미있다고 생각되는 것을 정하여 공부하는 것이다. 곧 모두들 좋아하는 팝송, 영어로 된 영화나 드라마 등을 정해서 보고 듣는 것도 하나의 좋은 방법이다. 이렇게 자기가 좋아하는 것을 듣거나 보면 저절로 영어에 관심과 흥미가 일어나고 영어를 배우고 싶은 마음이 생길 것이다. 영어 공부는 시험을 위한 공부, 책상 위에서 해야 하는 공부가 아니라 즐기고 재미있는 공부로 바뀌어야 한다.

언어는 생활이고 습관이다.

그러므로 재미있는 영어가 생활과 습관이 되도록 매일 학습해야 효과가 있다. 어느 공부나 마찬가지로 영어를 잘하려면 꾸준한 학습이 필요하다. 곧 하루에 10분이라도 거르지 말고 계속해야 한다. 'Thanks, That's right.' 등과 같은 표현들이 반사적으로 입에서 나올 정도로 꾸준히 계속하고 학습해야 한다.

내가 아무리 잘 알고 있는 영어 문장이라 하더라도 실제로 말을 해 본 경험이 없고 익숙하지 않으면 절대 입 밖으로 나오지 않는다. 알고 있는 것과 익숙한 것은 엄청난 차이가 있다. 그러므로 꾸준히 계속하여 영어를 읽고 말하는 학습을 하여 반사적으로 입에서 영어가 나올 수 있도록 만들어야 한다.

(2) 영어식 사고방식으로 직독직해를 하자

우리는 영어를 모국어인 한국어처럼 익히기 어렵다. 영어가 모국어처럼 되려면 지금까지 우리가 한국어를 배운 만큼의 시간이 필요할지 모르고 머릿속에 있는 한국어를 완전히 지워야 할지도 모른다. 그렇게 하지 않는다면 영어를 모국어처럼 배우는 데 한국어가 방해될 테니까.

하지만 영어식 사고방식으로 생각하고 연습을 한다면 영어를 모국어처럼 말하고 익힐 수 있다. 영어식 사고방식을 꾸준히 연습하여 그것이 쌓였을 때 자기 것이 되어 비로소 영어를 자유롭게 사용할 수 있다.

영어식 사고방식 중 하나가 영어를 보고 읽는 대로 그 뜻을 받아들이는 직독직해 방법이다. 우리는 영어 문장을 보면 먼저 우리말로 해석부터 한다. 영어를 듣고 말할 때에도 먼저 우리말을 떠올리고 그것을 영어로 바꾼다. 그러다 보면 그 말만 생각하고 전체는 무슨 말인지 알지 못하고, 또 말할 때를 놓쳐 결국 한 마디도 못하고 멍하니 서 있게 되는 것이다.

이렇게 영어를 우리말로 먼저 바꾸려고 하면 제대로 된 영어를 절대로 할 수 없다. 그러므로 영어를 잘하려면 우리말로 해석하는 대신 바로 영어 그 자체의 뜻과 이미지를 받아들여 이해하는 직독직해의 방법을 익혀야 한다.

또한 영어는 소리 내어 읽으면서 공부해야 한다. 영어를 소리 내어 읽는다는 것은 발음, 듣기, 말하기 등을 함께 익힐 수 있기 때문이다. 언어를 배우는 데에는 발음을 확인하며 제대로 읽는 것이 중요하고, 자기가 발음하며 들리는 소리를 자연스럽게 듣고 느끼면서 받아들이는 것이 더 나은 공부가 된다.

영어에 담겨 있는 내용이 무엇인지 가장 빠르게 이해하고 편안하게 받아들여 말하는 것이 영어를 잘하는 방법이다. 영어에 흥미를 가지고 재미있게 공부하면서 영어식 사고방식의 직독직해 방법으로 영어를 받아들이고 소리 내어 읽으면서 공부하면 분명히 영어를 잘할 수 있다.

3) 영역별 영어 학습 방법

그러면 영어를 잘하는 구체적인 방법은 무엇일까? 앞에서 말한 것들을 생각하면서 영어를 잘할 수 있는 공부 방법을 영역별로 자세하게 알아보자.

(1) 듣기 - 귀가 뚫려야 영어가 들린다

흔히들 귀가 뚫려야 영어를 잘할 수 있다고 한다. 곧 귀가 뚫린다는 것은 영어가 모국어처럼 들린다는 것이다. 영어 공부에서 우리들이 잘되지 않는 것 중 하나가 듣기다. 잘 들어야 영어를 잘 말할 수 있다. 영어를 잘 듣기 위한 가장 좋은 방법은 영어를 꾸준히 듣는 연습을 하는 것이다.

우리는 우리말을 들을 때 단어를 하나하나 해석하면서 듣지 않는다. 우리말은 아무런 방해 없이 그 말이 무슨 뜻인지 금방 알아들을 수 있다. 어릴 때부터 계속 들어온 모국어이고 단어 하나하나를 직독직해의 방법으로 곧바로 듣고 전체를 이해하기 때문이다. 우리말에 귀가 뚫린 것이다.

그러나 누가 "Did you buy a book?" 하고 물어보면, buy는 '사다'

라는 동사, book은 '책'이라는 명사, did는 do의 과거형이고 문장 앞에 왔으니 의문문이라고 하나하나 우리말로 해석하고 난 다음 그 말을 이해한다. 그러다 보니까 영어를 들을 때마다 이렇게 함으로써 다음 말은 놓쳐 버리고 결국 무슨 말을 하는지 알아듣지 못하는 것이다. 더욱이 영어 회화를 할 때는 말 한마디 못하는 경우가 허다하다.

그런데 외국인이나 누가 영어로 말을 걸어 왔는데, 아무런 거리낌 없이 무슨 말을 했는지 금방 알아듣는다면 귀가 뚫린 것이다. 아기가 자라 어느 때가 되면 갑자기 말문이 트이고 점점 말을 잘하게 되는 것과 같은 이치이다. 아기는 그동안 엄마나 주위 사람들로부터 수없이 많은 말을 듣고 자랐기 때문에 빨리 알아듣는다. 아기에게 우리말을 가르치면 더 빨리 말하게 되지만 가르치지 않아도 말을 하게 된다. 그동안 주위에서 들은 말들이 쌓여 어느 날 귀가 뚫리고 말문이 트인 것이다.

이처럼 계속 듣기를 하여 들은 영어가 차곡차곡 쌓이게 해야 한다. 영어 듣기를 계속한다면 틀림없이 어느 날 귀가 뚫리게 될 것이다. 영어가 우리말처럼 느껴지기 시작하는 것이다. 누가 'How are you?'라고 물으면 우리는 바로 알아듣는다. 이 말은 초등학교 때부터 수도 없이 듣고 익힌 말이고, 귀에 익고 몸에 배어 버렸기 때문이다. 이처럼 영어를 들을 때 번역하려 들지 말고 영어 자체가 한국어처럼 들리도록 해야 한다. 이를 위해 자기 수준에 맞는 영어 테이프나 CD를 택해서 모국어처럼 들릴 때까지 계속 들어야 한다. 또 영어를 들을 때 조금 더 주의를 기울여 영어의 발음, 연음, 리듬의 요령을 파악해 두어야 한다.

영어의 연음이란 영어를 말할 때 같이 있는 단어들이 마치 한 단어처럼 연달아 발음되는 것이다. 'want to'를 'wanna'로 발음하고, 'going to'를 'gonna'로 발음하는 것처럼 앞 단어와 뒤 단어가 같이 발음되어 마치 하나의 단어처럼 들리는 것이다.

그리고 영어의 리듬 감각도 자연스럽게 익힐 수 있게 만들어야 한다. 우리말은 음절 하나하나의 길이를 거의 같게 발음한다. 하지만 영어는 문장에서 중요한 내용의 단어를 강하고 길게 발음하여 마치 리듬을 타는 듯 들린다. 그러므로 영어 공부를 할 때뿐 아니라, 항상 영어 방송이나 영어 테이프 등을 틀어 놓아 영어가 언제나 귓가에 들리는 환경을 마련하여 영어의 리듬에 익숙해지고 영어가 한국어처럼 들리게 해야 한다. 무심결에 들은 영어 리듬은 당장 효과가 없을지 모르지만 나중에는 자연스러운 영어를 구사하는 데 아주 큰 도움을 준다.

 **듣기평가 만점 받기**

- 꾸준히 어휘 공부를 하고 듣기를 직독직해의 방법으로 연습한다.
- 듣기 평가의 기출 문제를 실제로 시험을 보듯이 치러 점수를 매겨본다.
- 틀리거나 모르는 문제는 대본을 보며 익힌다. 그 문제의 영어를 녹음기로 한 문장씩 끊어 듣고 따라 말하여 확실하게 익힌다.
- 문제가 요구하는 초점에 맞추어 영어 문제를 들어본다.
- 다시 한 번 시험을 쳐보고 영어 문장이 잘 들리고 뜻이 파악되는지 확인한다.
- 문제의 내용을 듣고 받아쓰기를 해본다.
- 다른 회차의 문제와 다른 학년의 문제도 풀어 이같이 공부한다.

(2) 말하기 – 영어는 자신감을 가지고 말하자

그러면 우리가 영어 공부에서 가장 잘하고 싶어 하는 영어 회화는 어떻게 하면 될까?

먼저 영어를 말하는 데 자신감을 가져야 한다. 영어로 말하는 것에 대한 두려움이나 부담감을 떨쳐 버리고 과감하게 말해야 한다. 처음부터 영어를 원어민처럼 틀리지 않고 완전하게 말해야 한다는 생각을 버리고, 틀려도 부끄러워하지 말고 자신 있게 말해야 한다.

영어는 우리말이 아니고 외국어이므로 잘하지 못해도 부끄러운 일이 아니다. 자주 틀리는 실수를 하더라도 다음에 바르게 말하면 되므로 자신을 가지고 영어 말하기 연습을 꾸준히 해야 한다. 그러면 조금씩 영어가 편해지고 자연스럽게 되어 말하기가 쉬워진다. 우리는 원어민이 아니므로 처음부터 영어를 완전한 문장으로 말하기는 무척 어려운 일이다. 회화에서는 단어 하나만으로도 서로 의사를 소통할 수 있으므로 먼저 단어 하나만으로도 영어를 말해 보려는 노력과 용기가 중요하다. 그렇게 하다가 한 번 말문이 트이면 영어 단어와 문장들이 쉽게 만들어지고 더 나은 영어를 말할 수 있게 되기 때문이다.

실제 영어 회화에서 어휘력과 문법의 문제보다 더 중요한 것은 두려워하지 않는 마음자세와 말하려는 용기이다. 처음부터 문법에 맞고 멋진 단어로 원어민처럼 영어를 빨리 말하려고 한다면 결국 입이 막혀 말하고 싶은 것은 하나도 못하고 만다. 틀리고 실수를 하는 엉터리 영어가 되더라도 용기를 가지고 영어로 말하는 자세와 그러한 기회를 많이 가져야 한다.

(3) 말하기 - 영어로 말하는 습관을 들0 자

영어를 좀 더 잘하기 위해서는 영어를 계속해서 듣고 말하는 연습을 해야 한다. 영어는 듣는 만큼 말할 수는 없지만, 말하는 만큼은 들을 수 있다. 그만큼 많이 말해 보는 것이 중요하다. 영어 방송이나 영어 테이프, CD를 많이 듣고 거기에서 나오는 영어를 반복해서 따라하는 것이 영어 회화를 잘하는 방법이다.

영어를 따라할 때는 실제로 상대방과 대화를 한다고 생각하고 큰소리로 또박또박 말해야 한다. 이렇게 영어로 말을 주고받는 연습을 계속하여 영어로 말하는 습관을 들이자. 하루에 영어 두세 문장씩 말을 하는 연습을 한다면 나중에는 굉장한 회화 능력을 가지게 될 것이다.

영어 회화에서 실전 경험이 아주 중요하다. 아무리 영어 학습법이 좋다 하더라도 외국인과 직접 말하는 실전 경험을 갖지 못한다면 영어를 잘하기 쉽지 않다. 앞에서 말한 것처럼 외국인과 말하는 것이 두렵고 영어가 틀릴까 걱정을 하다 보면 자기가 가진 실력만큼 말을 하지 못하는 경우가 많다. 이런 것들을 쉽게 고치는 방법은 외국인을 직접 만나 말을 하는 것이다. 외국인을 만나 자꾸 말을 하다 보면 영어가 무섭지 않고 쉽게 할 수 있다는 것을 알 수 있다.

하지만 우리 현실은 외국인과 말을 할 기회가 그리 많지 않다. 외국인을 만날 기회가 적다면 친구들과 함께 영어로 말하는 연습을 자주 해보거나 영어 동아리에 들어가서 말할 기회를 많이 가져야 한다.

영어를 잘하기 위해 무엇보다 중요한 것은 영어에 대한 흥미를 느끼고 재미를 붙이는 것이다. 영어가 재미없고 어려운 것이라고 느껴지면 아무리 공부를 시작하여도 금방 영어에 대한 흥미를 잃게 되고 멀리하게 된다. 자신이 좋아하는 분야를 골라서 영어 회화에 재미와 흥미를 붙여 공부해야 한다. 영화를 좋아하면 영화 대사로 회화를 공부하고, 팝송을 좋아하면 팝송으로 공부하는 것이다. 또 인터넷이나 케이블 TV 같은 매체에 있는 영어 사이트나 채널을 이용해 즐기면서 회화를 공부해 보는 것도 한 방법이다.

생활 영어를 잘하는 방법

- 쉬운 단어로 간단하게 말하는 방법을 익힌다.
- 실생활에 사용하는 영어 단어와 관용 표현을 익힌다.
- 영어권 문화와 사고방식을 공부하여 이해한다.
- 주변에서 일어나는 일들을 영어로 말해 보는 습관을 기른다.
- 영어를 큰소리로 말하고 영어의 리듬감을 익힌다.
- 자신이 좋아하는 영어 영화나 드라마를 많이 본다.
- 어디서든 무조건 영어로 많이 말해 본다.
- 외국인을 보면 두려워하지 말고 과감히 영어로 말을 걸어 본다.

(4) 읽기 – 독해는 직독직해 방법으로

영어 읽기와 독해를 잘하기 위해서는 영어 문장을 읽는 동시에 바로 뜻을 파악하는 방법이 필요하다.

앞에서도 말했듯이 우리말로 먼저 해석하지 않고 바로 그 뜻을 받아들이는 직독직해의 방법으로 독해를 익혀야 한다. 곧 영어책을 국어책 읽듯이 읽고 그 뜻을 이해하는 방법이다. 영어식 어순으로 단어 순서대로 독해하는 것이다.

이를테면 'I went to New York by bus with my mother.'라는 문장을 우리들은 흔히 '나는 어머니와 함께 버스를 타고 뉴욕에 갔다.'는 식으로 뒤로 돌아가서 해석한다. 그러나 직독직해의 방법은 '나는 갔다, 뉴욕에, 버스를 타고, 어머니와 함께' 같은 방식으로 영어 단어 순서대로 따라가며 이해하고 받아들이는 것이다.

이러한 직독직해의 독해는 쉬운 영어책부터 골라 영어 문장을 차근차근 앞 단어부터 차례로 이해하고 익히는 버릇을 들여야 한다. 영어는 언어이기 때문에 금방 이런 방법에 익숙해질 수 있다. 이 독해 방법이 익숙해지도록 문장을 읽으면서 연습을 많이 해보아야 한다. 이 독해 방법을 익히고 나서 독해 문제집을 풀면 빠르고 쉽게 답을 쓸 수 있을 것이다.

이런 직독직해의 방법으로 재미있는 영어 소설이나 만화를 많이 읽어 보면 좋다. 이렇게 하다 보면 우리글을 읽듯이 영어 독해가 쉽게 이루어질 것이다.

- 영어 독해는 직독직해의 방법으로 연습한다.
- 모르는 단어가 나오면 일단 넘어가고 아는 단어로 문장의 뜻을 파악한다.
- 전체 내용이 완전하게 이해되지 않으면 대의를 먼저 이해하고 문맥과 전후 관계를 파악한다.
- 이렇게 연습이 끝나면 모르는 단어나 문장을 찾아 완전하게 익힌다.
- 재미있는 영어 소설이나 만화를 읽으면서 재미있게 독해 연습을 해 본다.

(5) 쓰기 – 매일 조금씩 영작 연습을 하자

영어 공부에서 가장 어렵다고 생각되는 것이 영어로 글을 쓰는 영작이다. 그러나 영작은 듣기, 읽기, 말하기와 어휘, 독해가 잘되어 있다면 그리 어려운 것이 아니다. 단어나 숙어, 문법을 공부할 때 문장을 함께 익혔고, 듣기와 읽기, 말하기에서 기본 표현과 문장을 익혔기 때문이다. 하지만 좀 더 나은 영작을 위해서는 연습을 해야 한다. 영작을 잘하기 위해서 매일 한 문장씩이라도 영작을 하는 연습을 꾸준히 해야 한다.

자기 수준에 맞는 영작에 관한 책부터 차근차근 매일 조금씩 해보자. 영작에 필요한 단어와 문법을 같이 공부해서 이해하면 더욱 빠르게 익혀질 것이다. 영작을 공부하려고 하는 책에 나오는 영작 문제 중 한 문제씩이라도 정하여 매일 빠뜨리지 말고 연습해 보자. 이렇게 매일 영작을 하다 보면 그것이 쌓여 튼튼한 영작 실력을 갖추게 된다. 또한 영작에 대한 두려움은 사라지고 자신감이 생겨 그 어떤 영작이라도 할 수 있다는 자신감이 생기게 된다.

영작을 할 때 중요한 것은 영어식 표현과 영어식 사고방식으로 쓰는 것이다. 곧 한글 문장 그대로 번역하여 영어로 쓰지 않아야 한다. 한글에 맞는 가장 나은 영어식 표현이 무엇인지 파악하여 영어로 써야 한다. 우리말을 영어식 사고방식으로 생각하여 영어식 표현 방식으로 써야 한다는 것이다. 이러한 영어식 표현과 사고방식은 연습이 필요하지만, 가장 빠른 방법은 영작 책이나 교과서 그리고 다른 영어책에 나와 있는 주요 구문과 영어식 표현을 익히는 것이다. 이렇게 익힌 구문이나 표현들은 더 나은 영작을 하는 데 크게 쓰일 것이다.

영작을 할 때 또 하나 생각해야 할 점은 너무 멋진 문장을 만들려고 하지 않는 것이다. 복합 문장보다는 단순 문장으로 짧고 쉽게 써야 한다. 멋지고 어려운 영어 문장으로 글을 쓰는 것은 영어 소설가나 학자들에게 우선 필요한 것이다.

(6) 많은 어휘를 익히고 발음을 따라하자

영어를 잘하기 위해서는 어휘를 깊이 알아야 한다.

모든 언어와 마찬가지로 영어도 단어와 숙어가 모여 문장이 되고 말이 되기 때문이다. 많은 어휘를 안다면 당연히 좀 더 편하고 쉽게 영어를 알아듣고 이해할 수 있다. 그러므로 영어의 어휘 곧 단어와 숙어를 많이 익혀야 한다.

영어 단어와 숙어를 익히는 방법에는 여러 가지가 있다. 가장 쉬운 방법은 자기 수준에 맞는 영어책을 골라 매일 꾸준하게 영어 문장을 읽으면서 모르는 단어와 숙어가 나오면 영어사전에서 찾아보는 것이다. 영어사전이나 인터넷의 영어 사전을 이용해도 좋다. 이때 그 자리에서 모르는 단어나 숙어를 외우면 더욱 좋지만 완전하게 외우지 않아도 된다. 매일 영어책의 영어 문장을 읽어 나가다 보면 앞에서 보았던 단어와 숙어가 반복되어 나오고, 모르는 단어를 또다시 사전에서 찾다보면 단어의 스펠링이 저절로 외워진다. 또 영어 테이프나 CD를 계속 듣고 원어민의 발음과 억양을 그대로 따라하다 보면 그 문장에 들어 있는 단어나 숙어가 저절로 외워지게 된다. 그때 모르는 단어는 영어 사전을 찾아 익히면 된다.

어휘를 좀 더 빠르게 익히려면 단어와 숙어를 정리하는 단어장을 만들어 수시로 보면 좋다. 물론 단어가 쓰인 문장도 같이 적어야 그 단어나 숙어의 쓰임새를 더욱 잘 알 수 있다. 단어를 많이 알려고 욕심을 내어 무작정 단어장의 단어만을 외우는 것은 쉽게 잊어버리기 때문에 노력에 비해 크게 도움이 되질 않는다.

(7) 기본 문법이 필요하다

이제까지 우리 영어 교육의 문제점은 시험 위주의 문법 공부에 매달린 데에 있다. 물론 그것도 중요한 것이지만 시험에 출제되기 어려운 부분들은 소홀히 하고, 중요하지 않지만 시험에 출제하여 점수를 매기기 쉬운 부분만을 골라 출제하였다. 그러다 보니 시험을 위해서 별로 필요하지 않는 문법에 매달리는 것이 영어 공부가 된 것이다. 그 결과 영어로 말은 하지 못하고, 필요 없는 영어 문법만 잔뜩 알게 되었다. 그러나 실용 영어에서는 그러한 문법이 필요하지 않다. 실용 영어를 제대로 익히려면 기본 문법 몇 가지만 알면 충분하다. 기본 문법에 맞는 영어를 말해야 듣는 사람도 쉽게 이해하기 때문이다.

영어와 우리말의 가장 큰 차이점은 어순이 다르다는 것이다. 우리말은 주어를 말하고 여러 가지 수식어를 말한 다음 문장 맨 마지막에 동사를 말한다. 영어는 주어를 말하고 바로 동사를 말한다. 이처럼 영어로 말할 때는 영어가 가지는 기본적인 문법을 알아야 하고, 어순에 대한 감각을 키워야 한다. 최소한의 기본 문법을 알고 영어 표현 위주로 공부하다가, 어느 정도 수준이 되었을 때 문법을 다지면 더 나은 영어를 할 수 있다.

이러한 영어 문법은 자기 수준에 맞고 공부하기 쉬운 문법책을 골라 여러 번 반복해서 공부하는 것이 좋다. 쉽고 빠르게 문법을 익히는 가장 좋은 방법은 여러 가지 문법책을 보는 것보다 쉬우면서도 간단한 문법책을 선택하여 처음부터 끝까지 읽고, 영어 표현에 자주 사용되는 문법을 익히면 된다.

영어를 잘하는 공부 방법에 대해 지금까지 말한 것처럼, 영어를 잘하는 왕도는 시간과 끈기를 가지고 부지런히 하는 것이다.

영어가 세계 공용어인 만큼 세계인이 되려면 영어는 필수적이다. 또한 영어는 우리 사회나 학교, 시험과 취업 등 어디든지 우리를 따라다니는 것이 되었다. 지금부터라도 꾸준히 영어 공부를 한다면 반드시 영어를 잘할 수 있다.

영어를 잘하는 지름길

- 인내심을 갖고 매일 조금씩 꾸준히 영어 공부를 한다.
- 자기가 좋아하는 방법으로 영어를 재미있게 공부한다.
- 모든 신체기관을 동원하여 온몸으로 영어를 배운다.
- 영어는 모국어가 아니기 때문에 틀리는 것이 당연하므로 실수를 겁내지 않아야 한다.
- 먼저 우리말로 번역하려 하지 말고 곧바로 영어로 생각한다.
- 공부한 것을 실생활에 자주 활용하고 영어로 말해 보도록 노력한다.
- 생활의 모든 무대를 영어 공부 마당으로 활용한다.
- 영어 영화와 드라마, 인터넷 영어 교육 사이트 등을 활용하여 재미있게 공부한다.

03

수학 학습법

1) 초·중·고의 차이점

최근 한 연구기관에서 우리나라 초등학생들은 고학년으로 올라갈수록 과목에 대한 흥미도가 떨어진다는 연구결과를 발표하였다. 대부분의 과목에서 이러한 현상은 두드러지게 나타났으니 수학도 예외일 수 없다. 특히 수학의 경우 중·고등학교로 학년이 올라갈수록 더욱 큰 폭으로 떨어지고 있으리라는 것은 쉽게 예상할 수 있다.

초등학교 때의 단순연산이나 기본적인 공식 대입만으로 풀이를 할 수 있는 문제들이라면, 중·고등 교과에서는 공식만으로는 해결할 수 없는 복합 문제 유형에서 난이도가 높아졌다고 볼 수 있다.

그럼에도 학생들과 상담을 하다 보면 "선생님! 수학 공부 어떻게 해요? 아무리 해도 성적이 오르지 않아요."와 같은 질문을 많이 듣는다.

이러한 질문을 하는 학생들이 요구하는 답은 무엇일까? 아마도 학생들이 원하는 것은 "선생님! 어떻게 공부해야 수학 성적 올릴 수 있어요?"라는 질문의 답이 아닐까?

그렇다 보니 짧지만 내가 경험했던 이야기나 여기저기서 주워들은 이야기로 대충 마무리하고 마는 경우가 많다. 하지만 대답을 하는 본인이나 이야기를 들은 학생의 얼굴은 밝지 않은 것이 사실이다. 그렇다면 질문을 바꿔 보는 것이 어떨까?

학생들에게 다시 질문을 던져 보자.

"넌 수학이 재미있니?"

"재미없다면 언제부터?"

또는 "어떤 이유 때문이지?"

수학 공부를 할 때 가장 먼저 해야 할 것이 '생각하는 훈련'이다.

공식을 외우는 것이 아니라 공식이 만들어지는 이유와 그 과정을 먼저 알아야 한다. 단순한 예로 초등학교 때 구구단을 외우라고 하기보다는 곱셈의 원리를 먼저 알도록 해야 할 것이다. 또한 고등학교 과정에서 방정식을 근의 공식을 이용해 구하기보다는 방정식이 왜 필요한지, 어떻게 식을 만들어 낼 것인지, 그에 대한 답을 어떻게 찾아 나갈 것인지를 생각하게 하여야 한다.

두 번째로 '사고의 확장' 훈련을 해야 한다. 수학을 영역별로 분리하여 사고하면 다양한 문제 해결이 불가능하다. 상호 유기적 관계를 찾고 적용시키는 '사고의 확장' 훈련이 필요하다.

예를 들어 함수 단원을 학습한다고 하자. 학생들은 일차함수, 이차함수 등 영역별로 분리해서 문제 해결을 하는 모습을 자주 보여 준다. 그러나 함수의 개념에서부터 도형의 이해, 도형을 이동(평행, 대칭 등)시켰을 때의 변화를 통해 다양한 함수 그래프를 유도할 수 있다. 물론 학생 스스로 생각하고 사고의 범위를 확장해 나가는 훈련을 통해 자연스럽게 익혀갈 수 있도록 해야 한다.

아직 우리 교육 현실에서 수학교사나 학생들에게 수학 공부를 통해 창의적인 사고가 가능하다느니, 논리적인 추론을 잘해서 글을 잘 쓸 수 있다느니 하는 이야기들은 딴 세상 얘기로 들릴 뿐이다.

초·중·고를 다르게 구별할 필요 없이 수학을 공부한다는 것은 수학을 통해 두뇌의 사고기능을 훈련하는 것이다. 학문이 전문화되기 이전까지 수학자가 곧 철학자였다는 사실은 이를 뒷받침해 주는 증거다.

2) 반드시 알아야 할 용어들

용어습득은 기본문제에서 반복적인 확인학습으로 자연스럽게 익히는 것이 제일 빠르고 정확하다. 기본교재(쉬운 것)를 정해서 보기 문제나 기본 예제 문제들을 여러 번 알 때까지 푸는 노력을 게을리 해서는 안 되는 이유가 여기에 있다.

3) 중 1때부터 고 3까지 나오는 단골 문제

수학에서는 단골 문제가 따로 있는 것이 아니다. 따라서 단원별 정의나 기출문제를 꼭 확인하는 것이 중요하다. 만일 집합이 시험 범위인 고1학생이라면 중1에서 배운 집합의 의미나 벤다이어그램으로 풀어갔던 내재된 경험이 되살아나는 느낌을 받은 적이 있을 것이다. 이것은 중1 때 열심히 시험공부를 하면서 문제집마다 기본적으로 실려 있는 빈출문제에 스스로 노출되어 있는 것이기 때문이다.

4) 반드시 알아야 할 수학 잘하는 방법

'왜?'라고 항상 자신에게 물어보는 상황을 만들어야 한다.

처음에는 시간이 많이 걸리지만 교과서든 참고서든 스스로 알아가는 과정이 기초를 탄탄하게 한다. 따라서 '왜?'라고 묻는 습관은 공식만으로 푸는 기초과정을 벗어날 수 있는 지름길이다.

⑴ 50분 수업 후 5분 연상하기

이 5분 복습의 효과는 한 달 후 해야 할 50분을 커버하는 양이라고 보면 된다. 짧게 1, 2분이라도 전 시간에 배운 내용이 무엇인지, 중요한 것은 어떤 것이었는지 확인하는 것만으로도 그 효과는 엄청나서 복습 시간과 시험 준비 시간을 많이 줄여 준다.

그리고 이 방법은 문제의 요점 파악하기에 더 없이 좋은 방법이다.

꾸준히 한다면 최고의 기억 효과를 얻을 수 있다. 시간이 없을 땐 중요문제만 핵심이 무엇이었는지를 확인해 드는 것이 시험 잘 치는 요령이다. 그리고 모르는 부분은 반드시 질문할 수 있도록 체크하는 습관을 들이는 것이 중요하다.

(2) 기본서의 기본문제 두 번 이상 풀기

물론 두 번만으로는 부족하다. 하지만 응용문제에서는 기본개념을 얼마나 정확히 아느냐가 시간을 줄이는 관건이다. 기본적으로 기본서의 기본문제는 두 번 이상 풀어보아야 한다.

다음 내용은 고등학교 입시와 관련된 부분이지만 참고로 알아두자. 몇 년 전 서울 휘문고 학생이 수학을 공부했던 한 과정을 소개하면서 기본서를 여러 번 풀어보는 것이 얼마나 중요한가 살펴보겠다.

언어와 외국어는 1, 2등급을 유지하고 있는데 수리에 발목이 잡혀 5, 6등급에 머물러 상위권 대학으로의 진학이 불투명한 학생이 있었다. 이 학생이 아는 분의 소개로 부모님과 직접 찾아와서 상담을 했다.

이 학생의 가장 큰 고민이 수학은 열심히 하는데도 성적이 향상되지 않는다는 것이었다. 상담 결과 두 가지 문제점을 발견할 수 있었다.

첫째는 자신에게 맞지 않는 학원에서 자기보다 잘하는 친구들과의 그룹 속에서 그들을 쫓아가려는 상황이 6개월 이상 진행되고 있었다.

둘째는 자신의 수준에 전혀 어울리지 않는 문제집을 교재로 택하고 있었다.

하지만 다행히 이 학생은 꾸준히 시간 계획대로 공부를 하려고 노력을 하고 있었다. 학생의 노력하는 모습에 희망을 느끼고 먼저 자신 있게 보았던 책이나 자신이 보기에 부담 없다는 교재를 말해 보라고 했다. 그랬더니 학생은 개념원리 교재를 택했다.

그래서 그때부터 개념원리에서 연습문제를 제외한 나머지 기본문제만 세 번씩 풀기로 약속을 하고 학생 스스로 계획표를 짜서 공부하라고 했다.

그랬더니 처음 한 번은 시간이 너무 오래 걸려서, 두 번째는 봤던 것을 다시 하는 것이 싫었지만 이상하게도 나중에는 시간이 빨리 끝나는 것이 신기했다고 한다. 그래서 바로 세 번째로 다시 풀었더니 그 시간이 처음 한 번 풀었을 때의 절반에도 미치지 않는다는 놀라운 경험을 했다는 것이다.

학생은 나중에 일주일 동안 세 단원이나 스스로 해냈다는 것을 자랑스럽게 이야기했다. 그렇게 10번 정도를 되풀이 하는 과정이 6개월밖에 걸리지 않았다는 것에 스스로 대견스러워했다. 그랬더니 그 다음부터는 수능 모의고사와 교육청, 평가원 기출문제집에 도전했는데, 예전에는 문제만 보면 하얗게 보이던 느낌이 없어지고 신기하게 문제가 생각하는 대로 술술 풀리더라는 경험담을 이야기했다. 그렇게 노력한 덕분인지 학생은 그해 입시에서 수리영역도 1등급을 받아 원하던 연세대에 무난히 진학할 수 있었다.

이런 경험은 이 학생에게만 있는 것이 아니다. 따라서 처음이 어렵다면 주변 사람이나 학원 선생님께 도움을 받아가면서 기초를 잡을 필요가 있다. 조금만 방향을 잡으면 나중에는 혼자서도 얼마든지 할 수 있는 훌륭한 공부 방법이다. 의지가 분명하고 노력만 한다면 반드시 좋은 성과를 얻을 수 있는 방법이다.

(3) 매일 복습, 주말 복습 시간표 만들기

자신만의 시간표가 있고 없고의 차이는 공부의 양과 성적 향상에 큰 차이를 가져온다.

만일 A라는 학생이 방과 후 집에 왔을 대 5시부터는 '학교 숙제하기'라는 계획이 있었다면 급한 일이 없는 가음에야 계획대로 진행할 것이다. 하지만 계획표가 없는 학생은 마음 가는 대로, 즉 닥치는 대로 일의 우선순위 없이 TV도 볼 수 있고, 컴퓨터도 할 수 있다. 이런 학생한테 더욱 심각한 것은 자신이 얼마나 시간을 허비하고 있는지, 언제까지 그것을 해야 하는지를 스스르 컨트롤할 생각조차 하지 못하게 된다는 것이다.

수학은 특히 반복 학습이 좋은 결과를 가져오기 때문에 매일 일정 시간을 정하고, 일정한 양을 채워갈 수 있도록 노력하는 것이 좋다.

(4) 모르는 문제가 50% 이상 되는 문제집은 버리는 것이 좋다

그동안 겪어 본 바로는 상위권 학생들도 난이도 높은 문제로만 구성된 문제집을 풀이해 주면 금방 싫증을 니곤 한다. 이것은 누구에게나 마찬가지일 것이다. 처음에는 자신 있는 문제가 많고, 적당히 풀 수 있는 문제가 있어야 자신감도 생기고 학습효과도 나타나는 것이다. 어려운 문제집을 잡고 내달리는 것보다 차라리 쉬운 문제집으로 수학을 즐길 수 있는 시간을 자주 갖는 것이 오히려 공부 효과가 큰 이유가 여기에 있다.

(5) 선행학습은 다음 학기 분량만큼만 하는 것이 좋다

서울대 합격생의 대부분은 중·고등학교 시절의 선행학습은 과거에 지나치게 집착하게 했다고 한다. 그 이유는 새 학기에 새로운 것에 시간을 투자하기보다는 선행학습으로 배운 것을 반복하면서 수학의 감을 떨어뜨리지 않으려는 노력을 해야 했기 때문이라고 한다. 따라서 선행학습으로 진도보다 너무 앞서 가는 것은 자칫 수학에 흥미를 잃게 만들 수 있다는 것을 염두에 두고 적당히 하는 것이 좋다는 뜻이다.

수학을 통해 논리력, 추론능력, 문제 해결력, 수학적 의사소통능력, 상징적 조작능력 등이 향상된다는 것은 널리 알려져 있는 사실이다. 수학을 통한 두뇌의 훈련은 '문제 상황을 접하기 → 문제 상황을 분석하기 → 문제 상황을 해결할 계획 세우기 → 계획을 실행하기 → 실행 중 문제점을 찾기 → 문제점을 해결하기'의 과정을 거치면서 이루어진다.

초등학교 때나 중학교 저학년 때처럼 수를 바꾸어 놓고 똑같은 유형의 문제를 지속적으로 풀다 보면 수학 공부는 기계적인 행동으로 전락할 수가 있다. 이것은 조금 더 많은 문제를 빨리 풀기 위해 수학 공부의 본질을 버리는 행위와 같다. 당장 눈앞의 내신 성적 향상에만 매달려 암기식으로 문제를 푸는 것보다 수학의 기본원리를 이해하고 수학을 즐기는 마음으로 풀 수 있는 자세가 필요한 이유가 바로 여기에 있다.

5) 연상 학습법

연상 학습이란 단기 기억을 장기 기억으로 전환하는 능력을 키우는 것이다. 암기 내용을 이해하고 의미 있게 기억하려고 노력하면 그만큼 기억이 오래간다. 첫 단어만 따서 외운다든지, 낱말의 뜻을 재미있게 의미 부여해서 외운다든지 하는 이유가 여기에 있다.

암기는 온몸으로 한다는 이야기가 있다.

만일 내일 친구들과 아침 일찍 만나 하기로 한 현장 학습 계획이 있다고 하자. 그러면 현장 학습 후 친구들과 놀 생각에 즐거운 상상도 하게 되고, 그 밖의 일을 생각하면서 몸은 아침에 일찍 일어날 생각을 하게 된다. 그래서 보통 때에는 아무리 깨워도 잘 일어나지 않던 사람이 새벽부터 일어나게 되는 원리 같은 것이다. 연상 학습은 이와 마찬가지로 주기적이고 의도적으로 뇌에 어떤 사실을 각인시키는 방법이다.

이 방법은 내가 무엇은 꼭 해야 한다는 것을 계속적으로 계획하고 인지시켜야 한다. 처음으로 시도하는 사람은 메모장을 활용하는 것이 좋다.

(1) 메모장의 실제 사용 예

3/12일 꼭꼭꼭 빈 시간마다 뇌를 활성시켜야 할 것들

1. 우선순위 150~200번 연상하기-책을 다시 보더라도

2. 수학 원의공식, 점과 직선 거리공식-예를 들 문제 생각하기

3. '서시' 기억하기

4. 학원에서 어제 배운 이차함수 그래프의 그림 상상하기(식도 같이)

메모는 계획의 일부이며 전부이다. 항상 메모를 하는 습관만 들여도 연상 학습은 100% 성공할 수 있다.

6) 오답 노트 활용법

오답 노트를 만드는 것은 내가 알고 있는 것과 모르고 있는 것을 확실하게 하기 위해서이다. 개인차와 능력차에 있어서 능력별로 자신에 맞는 방법을 찾는 것이 좋다.

(1) 하위권

굳이 오답 노트가 필요 없다. 왜냐하면 기본서를 보기에도 벅찬 상황이어서 차라리 틀린 문제의 유형을 자신이 보는 교재에서 찾아 표시를 하고, 이 문제가 시험에 나올 정도로 중요한가를 살펴보고 메모

를 해두는 것이 더 큰 효과가 있다. 그렇지 않고 하위권 학생이 오답 노트를 만들려고 하면 시험지를 오려내고 붙이고 하는 양이 너무 많아서 오히려 투자한 시간에 비해 학습효과가 적을 수 있다.

(2) 중위권

중위권 학생들은 틀린 문제의 유형은 다시 풀어도 틀리는 경향이 있으므로 오답 노트가 상당히 중요하다. 하지만 하위권과 마찬가지로 욕심대로 다 하기에는 양이 많을 수 있기 때문에 오답 노트 대신에 교재에 포스트잇을 활용하거나 여백에 굵은 펜으로 왜 틀렸는지를 확실히 기재해서, 교재 자체가 자신만의 오답 노트가 되도록 만드는 것이 더 유용할 수 있다. 그리고 사후관리 차원으로 일주일에 한 번씩은 반드시 재미있는 작품 감상하듯이 자신이 틀렸던 문제들을 들추어 보면서 확인해 두는 것이 큰 효과를 얻을 수 있다.

(3) 상위권

일찍 시작할수록 도움이 많이 된다. 자신만의 수학·역사책이 될 수 있기 때문이고, 1학년 때 시작했다면, 고3 겨울방학 총 정리할 때쯤에 엄청난 시간을 줄일 수 있다.

이때 주의해야 할 것은 문제와 해설은 앞장과 뒷장으로 분리 작성하는 것이 중요하다. 해설을 문제 밑이나 옆에 작성했을 때에는 고민 없이 바로 해설을 보는 쉬운 방법을 택하는 경향이 있어서 효과가 절감될 수 있다. 그리고 해설에는 틀린 이유와 다른 보기가 왜 맞았는지에 대한 분석도 표기하면 더욱 좋다. 다양한 풀이가 있다면 풀이방법을 모두 적는 것도 좋은 방법이다.

(4) 오답 노트의 중요성

대개 많은 학생들이 오답 노트를 만든다며 모의고사가 끝난 날 자율학습 시간 내내 반듯하게 가위질하고 정성스레 풀칠하느라 시간을 허비하는 경우가 많다. 오답 노트를 만드는 본래 목적을 상실한 채 오리고 붙이는 단순 작업에 더욱 열중하게 되는 모습이다. 그런데 정작 이렇게 오답 노트를 만드는 데 많은 시간을 투자한 학생들은 정작 오답 노트를 유익하게 활용하기보다 시험 전에는 마음이 급해서 다른 교재 보느라 바쁘기만 한 경우가 많다. 그야말로 그동안 투자한 시간을 낭비한 꼴을 자초하는 것이다.

하지만 오답 노트는 중요하다. 적어도 시험이 끝난 다음에 자신이 틀린 문제를 점검해 두는 습관을 들이면 그 문제는 오래도록 기억에 남게 된다. 실력도 그만큼 향상되게 되는 것이다.

시험공부의 왕도는 Back To The Basic : 자신의 근본적인 문제가 어디에 있는지부터 심사숙고해 보는 것이다. 오답 노트를 올바로 활용하게 되면 자기가 어떤 유형의 문제를 자주 틀리는지, 어떤 이론에 대한 지식이 부족한지를 스스로 알 수 있게 된다. 또한 정리하면서 다시 점검하는 과정에서 기억한 문제는 오랫동안 잊지 않게 되는 문제가 많다. 오답 노트의 중요성은 아무리 강조해도 부족함이 없다.

과학 학습법

1) 과학이란?

'과학(Science)'은 어떤 사물을 '안다'는 라틴어 'Scientia'에 어원을 두고 있다. 그런데 현대과학에서 최고의 자리를 구가한 독일 사람들은 과학이라는 단어를 단순히 안다는 의미만이 아닌 '체계적인 앎'이라는 'Wissenchaft'의 의미를 부여했다. 여기서 'Wissen'은 '지식',을 'Chaft'는 '체계적'을 뜻한다. 강조하자면 과학은 사물이나 현상에 대하여 호기심을 가지고 체계적으로 알아가는 학문'이란 것이다.

그렇다면 우리는 과학 공부를 잘하기 우해서 어떻게 해야 할까? 지금부터 체계적으로 그 호기심을 풀어보기르 하자.

2) 교과서 활용법

　교과서는 여러 전문가들의 생각이나 교육적 의도가 고스란히 잘 배어 있는 책이다. 그만큼 교과서의 개념을 정확히 파악하고, 일반적인 주위의 현상이나 일들에 제대로 적용시킬 수만 있다면 과학 공부는 쉽게 할 수 있다.

　특히 개념을 정리할 때 우리가 일상적으로 사용하는 말과 과학에서의 용어는 서로 의미가 다른 경우가 많다는 사실에 유념해야 한다. 과학 공부를 잘하기 위해, 개념의 혼동을 최소화하기 위해서는 평소에 과학에서의 용어와 일상어의 의미 차이를 백과사전을 이용한다던지 인터넷을 통해 정확하게 구분하여 따로 정리해 보는 습관을 가져야 한다. 그렇게 정리된 교과서 안의 개념들은 머릿속에 정확한 이미지로 자리를 잡아 쉽게 잊어버리지도 않을 뿐더러 기억도 오래갈 수가 있다.

　(1) 과학의 개념과 일상적인 개념이 차이가 있을 수 있다는 것을 알자

　개념을 정확하게 이해하고 기억하기 위해서는 먼저 교과서 내의 그래프, 도표, 실험 장치, 모형 등을 제대로 이해하여야 한다. 특히 표, 그래프 등을 주의 깊게 살펴보고 이 그래프의 제목, 그래프의 형태, 좌표축의 의미, 물리량들 사이의 관계 등을 분석해 보는 것은 아주 좋은 학습법이다. 특히 고학년으로 올라갈수록 시험에서 물리량들 사이의 관계를 집요하게 묻는 경우가 매우 많다는 것을 염두에 두고 더욱 주의를 기울여야 한다.

(2) 간단한 문제를 자주 풀어보는 습관을 갖자

그 다음에 자신이 배운 내용을 제대로 알고 있는지에 대해 스스로 확인을 해 볼 필요가 있다. 간단한 내용의 문제를 풀어보는 습관을 들여야 하는 이유가 여기에 있다.

자칫 너무 어려운 문제를 풀다 보면 과학에 흥미를 잃을 수도 있으므로 쉬운 문제 위주로 우선 자신이 배운 내용이 제대로 정리가 되었는지 확인해 보는 것이 좋다.

어려운 문제 중에는 과학적 개념을 묻기보다는 수학적 개념이나 해결능력을 묻거나 언어적으로 난해한 내용에 치우쳐 있는 문제가 많으므로 너무 어려우면 과학 자체가 어렵게 느껴질 수 있으니까 처음에는 될 수 있으면 피하는 것이 좋다.

(3) 자기가 아는 것을 설명해 보는 시간을 갖자

아인슈타인은 이런 말을 했다.

"어떤 학자나 교수가 자신이 그 원리를 정확히 이해하고 설명하면 설명을 듣는 상대방도 잘 이해하지만, 자신이 그 원리를 정확히 이해하지 못하고 설명한다면 듣는 이도 쉽게 이해하지 못하게 된다."

이 말을 응용해 보면 내가 아무리 잘 아는 것이라고 설명을 해도 듣는 상대가 이해를 못한다면, 이미 나도 정확하게 이해하고 있지 못하다는 것을 인정해야 한다는 것이다. 즉 자신이 과학이론에 대해 정확히 알지 못하면 아무리 설명을 잘했다 하더라도 상대방이 이해하지 못한다는 것이다.

따라서 자신이 아는 것이 확실한지 아닌지 점검해 보는 방법 중의 하나가 바로 주변 사람들에게 자신이 아는 것을 설명해 보는 것이다. 그래서 상대가 쉽게 이해하면 나도 확실히 알았다고 보면 되고, 상대가 이해를 못한다면 아직 내가 부족한 점이 있다는 것을 인정하고 그것을 채우기 위해 노력해야 한다.

(4) 목차를 눈여겨보고 각 단원의 학습 목표를 숙지하자

목차와 학습 목표는 그 단원의 중요 핵심 포인트이다. 이는 곧 평가의 기준으로 이어지므로 학습 목표와 상관없는 지식만 잡다하게 외운다면 시간만 낭비하는 결과를 낳게 된다.

(5) 교과서 속 실험이나 자료 등을 제대로 정리하자

교과서 속 개념들은 실험에 의해 검증된 사실들을 알기 쉽게 설명한 것이므로 실험에 관련된 그래프나 도표, 그림 등을 탐구활동의 의미와 원리에 맞춰 이해해야 한다. 이는 곧 적용한 실전문제 해결 능력으로 이어진다.

(6) 과학 용어를 낯설다는 선입견에 아무 의미 없이 무작정 외우지 말고 그 단어에 쓰인 한자어에 대해 풀어서 이해해 보자

지렁이와 같이 암수가 한몸에 있는 동물을 자웅동체라고 하는데 여기서 '자'는 암컷을 '웅'은 수컷을 의미한다. '동'은 같다는 의미이고, '체'는 몸을 지칭한다. 이렇게 하나씩 한자어를 우리말로 해석하면 그

다지 어렵지 않다.

원래 우리가 배우는 과학용어의 상당수가 일본 학자들이 한자어를 빌려 기초적인 조합의 원리에 의해 완성된 것이 많다, 과학이라는 단어도 과거 일본에서 'Science'라는 영어에 적당한 말을 찾다가 한자에서 뜻이 통할 것 같은 글자를 조합히 만든 것이다.

(7) 개념 맵을 그려 보자

중단원이나 소단원의 학습이 끝나면 머릿속에 집어넣었던 개념들을 한눈에 파악할 수 있도록 개념 맵을 그려 보면 제대로 정리가 안 된 부분이 어디인지 금방 파악할 수 있을 것이다.

(8) 문제집을 풀면서 응용 방식을 파악하자

개념이 파악되면 기본문제를 풀어보면서 개념 이해도를 확인한 후, 충분하다고 생각되었을 때는 종합문제를 여러 번 풀어보면서 기본 개념이 문제에 어떤 방식으로 응용되는지 파악하는 연습을 여러 번 반복한다.

3) 효과적으로 과학을 공부하는 방법은 무엇인가

(1) 과학을 공부할 때 중요한 세 가지 요소

① 과학적 원리를 이해하라

과학 과목은 암기 과목이 아닌 이해 과목이다.

많은 과학적 이론은 일반적으로 경험을 바탕으로 얻어낸 것들이다. 이와 같은 과학적 지식을 간접적으로 체험하면서 과학적 원리를 알게 된다면 과학 공부는 쉽게 할 수 있을 것이다. 그리고 과학용어를 이해하도록 노력해야 한다. 과학 용어는 뜻만 정확히 파악해도 과학 과목을 공부하는 데 큰 도움이 된다.

[예] 과포화상태 : 수증기량을 나타낼 때 사용하는 용어로, 의미를 알아보면 포화상태를 '과했다', 즉 '초과했다'는 의미를 갖는다. 여기서 포화란 '가득 찼다'는 의미를 가지므로 정리해 보면 '가득 찬 상태를 초과한 상태'라는 형태의 의미로 뜻을 파악할 수 있다. 그러면 불포화상태는 '가득 차지 않은 상태' 정도로 볼 수 있다.

과학적 원리를 이해하기 위해서는 과학실험을 하는 것이 제일 좋겠지만, 실제로 실험을 해보기가 어려우므로 머릿속으로 생각을 해보면서 이해하는 것이 좋다.

그리고 과학에 대한 책을 읽는 것도 과학의 원리를 아는 데 많은 도움을 준다. 과학 관련 서적들을 보면 유래나 과학자들에 대한 이야기도 같이 설명하고 있는 책들이 많기 때문에 과학적 원리를 쉽게 알 수 있다. 과학에 대한 책을 읽을 때에는 목차를 꼭 읽어야 한다. 목차는 책의 내용을 핵심 문장으로 정리하여 놓은 것이기 때문에 목차를 먼저 읽은 후에 책을 읽게 되면, 책의 전반적인 흐름을 알 수 있기 때문에 과학적 원리에 쉽게 접근할 수 있다.

② 그래프, 도표 등(그림, 사진)을 철저히 분석하라

과학 과목에서 사용하는 그래프나 도표는 과학실험 등에 의하여 얻은 결과들을 자료로 나타낸다. 그렇기 때문에 그래프나 도표에 나타나는 내용을 파악하는 것이 과학을 쉽게 공부할 수 있는 방법이기도 하다.

다음은 그래프나 도표들을 이용하여 그래프나 도표를 이해하는 법을 익히도록 한다.

- 암석의 변화
- 화성암, 퇴적암, 변성암이 서로 변화
- 퇴적암이 되기 위해서는 암석이 풍화와 침식을 거쳐 퇴적물이 됨
- 암석이 열과 압력을 받으면 변성암이 됨
- 암석이 용융되었다가 식어서 굳어야 화성암이 됨
- 온도와 수증기량
- 수증기량의 상태는 세 가지로 과포화상태, 포화상태, 불포화상태가 있음
- 과포화상태는 빨간 곡선의 윗부분으로 파란색 영역에 해당함
- 포화상태는 빨간 곡선에 해당함
- 불포화상태는 빨간 곡선의 아랫부분에 있는 연두색 영역에 해당함
- 농도가 높은 곳과 농도가 낮은 곳이 가운데 있는 반투막으로 분리되어 있음

③ 공식을 잘 이해하도록 하라

과학에 사용되는 공식은 일반적으로 과학실험에 의하여 얻어진 자

료들을 이용해서 만들기 때문에 공식이 만들어진 배경과 상황을 잘 생각해 보면 공식을 보다 쉽게 암기할 수 있다.

공식은 상황에 맞는 공식을 이용하여 문제를 푸는 방법을 알 수 있어야 한다. 특히 특별한 상황에만 사용되는 공식이 있는데, 이런 공식들은 암기를 해야만 문제들을 풀어나갈 수 있다.

[예]

- 아보가드로 수 : 아보가드로의 법칙에서 기체의 종류와 관계없이 일정한 분자의 수
- 아보가드로의 법칙 : 일정한 온도 및 압력(0℃ 1기압)하에서 모든 기체는 같은 부피(22.4L) 속에 같은 수(아보가드로 수 : 6.02×10^{23}개) 의 분자를 갖는다고 하는 법칙

(2) 즐기면서 공부하는 과학

과학은 다른 과목과는 다르게 그 내용을 실험을 통해 알아볼 수 있는 과목이다. 간단한 실험의 경우는 직접 해볼 수도 있고, 인터넷이나 여러 가지 과학 관련 책을 보거나 백과사전을 이용하여 과학적 사실을 알아보는 것도 과학을 재미있게 공부하는 방법이다.

[실험 1] 물은 극성을 띠기 때문에 극성을 띠는 물체에 이끌린다.

수도꼭지에 물을 아주 약하게 가느다란 줄기 정도로 흐르게 틀어놓고 털옷에 문지른 풍선을 갖다 대면 물이 휘어서 흐른다.(물이 풍선 쪽

으로 끌려오게 된다.)

[실험 2] 온도에 따라 가루의 녹는 정도가 틀려진다.

코코아를 타 먹을 때, 찬 물에 코코아 가루를 타면 잘 녹지 않지만 따뜻한 물에 넣으면 쉽게 녹는 것을 볼 수 있다. 이렇게 가루물질은 용액 속에 놓을 때 온도의 영향을 크게 받으며, 적은 양의 물보다는 많은 양의 물인 경우가 더 쉽게 녹는 것을 알 수 있다.(용매의 종류에 따른 고체의 용해도에 관련된 설명이다.)

(3) 호기심을 해결해 나가면서 하는 공부

평소의 궁금한 과학적 사실을 조사하여 공부하는 것도 자기 주도적 학습에 도움이 되는데, 인터넷이나 여러 가지 과학 관련 책을 보거나 백과사전을 이용하여 과학적 사실을 아는 것도 과학적 츠리 및 연산 능력에 도움이 된다.

[예] 워프(공간 이동) : 만화나 영화를 보다 보면 공간이동을 하여 우주선이 먼 곳까지 항해하는 장면이 나오곤 하는데, 이와 같은 것이 실제로 가능할까?

우주선이 빛보다 빠른 속력으로 움직이기 되면, 빛이 우주선을 쫓아갈 수 없게 되기 때문에 빛의 반사가 일어나지 않게 되어 우주선이 보이지 않게 된다. 하지만 우주선이 이동하는 통로에 먼지가 한 점이라도 있다면, 먼지가 빛의 속력 이상으로 우주선에 부딪치는 효과를 보게 될 것이고, 결국 우주선은 오래 버틸 수 없게 되므로 영화 등에서와 같은 워프는 결국 빛 이상의 속력과 매우 단단하여 부서지지 않을 정도로 견고함을 모두 갖춘 상태에서나 가능하다는 것을 생각할 수 있다.

4) 과학시험에 대비하는 방법은 무엇인가

(1) 수업시간에 정리한 요점

학교 수업시간 중에 선생님께서 하는 이야기 중에서 자주 강조하고 되풀이하는 부분이 있는데, 이것은 시험을 대비하여 힌트를 주시는 부분으로 보면 된다. 중요하기 때문에 강조를 하게 되는 것이고, 강조를 한 부분이 곧 시험에 주로 출제되는 핵심부분이 되는 것이므로 수업시간에 더 열심히 집중해야 시험성적을 좋게 받을 수 있다.

(2) 시험 전날 총 정리(핵심 요점 정리)

시험을 위하여 시험 전날 밤샘을 하는 것보다는 평소 매일 정리해둔 노트를 이용하여 시험 범위가 나오면 들고 다니면서 공부하는 것이 더욱 효과적이다.

(3) 예상문제 출제

시험기간과 시험 범위가 나왔을 때 선생님이 수업시간에 강조했던 부분을 중심으로 문제를 미리 출제해 본다. 스스로 출제를 해봄으로써 대략적으로 시험문제가 어떤 식으로 출제될지 미리 예측할 수 있다.

(4) 시험을 보는 방법

① 시험을 볼 때 약 3분 정도 미리 시험지를 살펴보도록 한다

확실히 풀 수 있는 문제는 (O), 약간 까다로운 문제는 (△), 그리고 어려운 문제는 (×) 등으로 표시하여 동그라미 문제를 먼저 풀고, 그 다음엔 세모, 마지막에 엑스 표시로 체크되어 있는 것을 풀도록 한다. 일반적으로 시험을 1번부터 순차적으로 푸는 경우, 중간에 어려운 문제가 있을 때 시간이 많이 소요되어 나중에는 충분히 풀 수 있는 문제임에도 불구하고 풀지 못하는 경우가 있다.

② 시험지를 살펴볼 때 관련 있는 문제를 체크해 두는 것 역시 좋다

그 이유는 일정한 시험 범위 안에서 문제를 내다보면, 다른 문제를 내기 위해서 어떤 문제의 정답이 포함되어 설명이 되기도 하기 때문이다.

③ 시험문제를 보면 함정을 지니고 있는 문제들이 있다

특히 저학년의 경우 학교에서 '아닌 것은', '틀린 것은'. '바르지 않은 것은' 식의 형태를 지닌 문제들이 있는데, 문제를 풀면서 대략적으로 문제를 보다가는 틀리는 경우가 많이 있으므로 문제를 잘 읽도록 한다.

④ 그래프와 도표를 사용하는 문제의 경우

문제에 관련된 자료들을 담고 있는 그래프와 도표를 보통 같이 첨

부하기 때문에 이 그래프와 도표만 정확히 분석하여도 시험성적이 향상된다.

단, 문제에서 그래프와 도표를 사용하지 않는 함정문제를 낼 수도 있기 때문에 조심하도록 한다.

⑤ 시험시간 사이의 쉬는 시간을 잘 활용하도록 한다

시험 몇 분 전에 본 내용이 시험시간에도 기억에 어느 정도 남아 있기 때문에 쉬는 시간에 정리해 두었던 노트나 또는 예상문제를 출제해 놓았던 것을 그림과 도표 등을 위주로 한 번 더 살펴보도록 한다. 평소에 정리하던 습관이 있는 사람에게는 더욱 큰 효과를 발휘할 수 있을 것이다.

05

사회 학습법

1) 사회 과목을 공부하는 데 필요한 것

우리는 매일 신문이나 TV를 통해 뉴스를 접하고 있다. 하지만 요즘 학생들은 별로 관심이 없어 뉴스가 나오면 채널을 다른 곳으로 돌리거나 신문은 아예 쳐다보지도 않을 정도다. 그러면서 공부를 잘하길 바라거나 돈을 많이 벌기를 바란다. 이는 정말로 잘못된 현상이다. 그러나 직장인들은 시간이 있을 때마다 신문을 보거나 정보를 찾기 위해 뉴스에 관심을 가진다. 뉴스에는 우리가 살기 위한 필요한 것들이 있기 때문이다.

현재 인류는 농업사회, 산업사회를 거쳐 정보사회에 도래해 있다.

정보사회는 정보나 지식이 경제 산출의 원동력이 되는 사회를 말한다. 미국의 유명한 학자인 벨(Bell)이라는 사람은 정보사회의 특징을 다음과 같이 말하고 있다.

첫째, 경제활동의 중심이 '재화(goods)'의 생산에서 '서비스, 정보, 지식'의 생산으로 바뀌게 된다.

둘째, 국가 사회의 기본적인 운영이나 제도적인 측면에서 과학 및 인식가치가 차지하는 역할의 중요성이 강조된다.

셋째, 많은 결정들이 보다 과학적, 기술적인 요소에 의존함으로써 과학자, 경제학자들이 정치적 과정에 보다 많이 개입하게 된다.

이제는 기술자나 과학자들도 실험실이나 공장에서 연구만 해서는 안 되는 시대가 온 것이다. 사회현상에 대한 이해와 연구가 있어야만 보다 많은 산출과 사회에 대한 봉사가 가능한 것이다.

예전에 사회 과목은 단순히 암기 과목으로 인식되었다. 하지만 사회가 바뀌었듯 사회 과목 또한 변화를 하게 되었다. 수능 문제를 이전 세대였던 학생들의 부모님들께 풀어보라고 하면 쉽게 해답을 찾지 못한다. 본인들 학창시절에는 단답식 위주였던 것이 이제는 이해를 선행 조건으로 하고 연계적 교과지식을 요구하기 때문이다. 그러므로 사회 과목의 공부 방법론은 한마디로 이해에 중점을 두어야 한다.

2) 사회란?

인간은 홀로 살 수 없는 사회적 동물이다. 그래서 더불어 살아야 한다. 영어의 'Society'는 16세기에 프랑스어 'Socit'가 도입되어 변한 것이나, 그 어원은 라틴어 'Societas'토서 대체로 동료·공동·연합·동맹 등의 '결합하다'라는 의미였다고 한다. 중국어에서는 송(宋)나라의 유학자 정이천(程伊川 : 1033~1107)의 유저(遺著) 〈이정회서(二程會書)〉에 있는 '향민위사회(鄕民爲社會)'라는 말이 사회의 어원으로 인용되는 것이 보통이다. 그러나 중국어에서 '사(社)'는 '토지의 신을 제사한 곳'이라는 뜻을 가지고 있으며, 여기에 사람들의 모임이라는 뜻인 '회(會)'를 붙여서 '마을 사람들이 토지의 신을 제사 모신 곳에 모여 든다.'는 뜻을 가지게 된 것이므로 현대적인 의미와는 다른 것이라고 할 수 있다. 하지만 함축된 의미를 파악해 보면 사회란 결국 인간이 하늘 아래 나약한 존재로서 더불어 살아가는 곳이란 의미이다.

3) 사회과학과 자연과학

자연에는 거스를 수 없는 질서가 있다. 그것을 우리는 과학이라는 표현을 빌려서 사용하고 있다. 물은 아래로 흐른다든지 아니면 사물이 아래로 떨어지는 현상과 같은 것이다. 사회에도 자연과 같은 질서가 있다. 예를 들면 연장자를 우대하거나 부모에게 효도하는 것 등이다.

우리는 자연과학을 수학이나 과학이라는 과목을 통해서 공부를 하게 되고, 사회과학을 언어나 외국어 그리고 사회 과목들을 통해서 익혀간다.

4) 사회 과목에 대한 이해

사회과학을 공부함에 있어서 전반적인 거시적 관점으로 접근하는 것과 과목별로 세분화하여 접근하는 미시적 방법이 있다.

우리나라 교육과정에서는 우선 일반사회, 국사, 윤리, 한국지리로 나누고 일반사회를 정치, 경제, 사회문화로 나누며 다시 정치를 정치와 법과 사회로 나누고 있다.

국사영역은 국사와 세계사로 나누고 국사를 또 한국사와 근현대사로 나눈다. 지리영역은 한국지리, 세계지리, 경제지리로 나누고 있다.

다음에서는 각 과목이 가지는 의미와 특징 그리고 공부방법론 및 수능에서 자주 나오는 문제에 대한 분석이다.

(1) 정치

정치란 '국가 권력을 획득, 유지, 조정, 행사 하는 기능, 과정 및 제도'(브리태니커 사전)라고 정의를 내릴 수 있다. 근대 이전에는 국가 권력은 하늘로부터 왕권을 부여받은 일인에 의해서 행사되었다면, 근대 이후에는 주권이 백성들에게 있기에 국가 권력의 원천은 국민인 것이다. 그러므로 국민에 의해 국가 권력의 행사기관이 만들어지고 위임되어 행사되는 것이다.

정치 과목은 민주정치론, 정치과정론, 민주제도론, 국제정치론, 정치발전론 등으로 구성되어 있다. 각 파트별로 주요 이론만 익히면 어렵지 않게 정복할 수 있는 과목이다.

민주정치론에서는 민주주의 개념을 잘 익히는 것이 중요하고, 정치과정론에서는 선거제도, 정당, 이익집단, 여론을 알아두어야 한다.

특히 선거제도는 학생들이 가장 어려워하는 부분이므로 자세한 설명이 되어 있는 참고서를 활용할 것을 권유한다. 한편 정당 부분도 자주 시험에 출제되는 부분이기에 특별한 관리가 필요한 부분이다.

① 공부방법론

첫째, 현실정치에 대한 관심을 가져야 한다. 매일 언론에 등장하는 정당에 대하여 주위 어른들에게 물어봐야 한다. 현재 집권 여당이 어디고, 야당이 무엇인지 그리고 대통령이 두슨 일을 하는지 등 틈틈이 확인해 두면 공부가 재미있어지고, 성적도 향상시킬 수 있는 과목이 사회이다.

둘째, 용어에 대한 이해를 확실하게 해야 한다. 정치용어는 한자를 주로 사용하며, 그 의미가 심오하다. 그러므로 어려운 용어들은 전자사전이나 인터넷을 활용하여 의미를 확실히 이해해야 한다.

셋째, 이론을 익혀야 한다. 각 파트별로 핵심이론이 한두 개씩 있다. 예를 들어 국제정치 파트에서 현실주의와 이상주의가 있다. 현실주의는 자국의 이익을 우선시하는 시각인 반면에 이상주의는 국제사회를 도덕적·윤리적 규범으로 바라보는 관점이다. 이 관점에 따르면 각 국가는 이성적 존재인 인간에 의해 형성되었으며, 따라서 국제사회에도 엄연한 도덕과 윤리 규범이 존재한다는 것을 알 수 있다.

넷째, 역사 공부와 병행해야 한다. 정치는 역사적 산물이기에 세계사에 대한 지식이나 한국사에 대한 지식이 많을수록 유리한 과목이다. 그러므로 틈틈이 역사 공부를 함께 하면 정치는 더욱더 쉽게 접근할 수가 있다.

(2) 법과 사회

법과 사회는 정치과목의 각론에 해당한다. 헌법은 국가의 기본틀을 정해놓은 것이기에 법과 사회를 공부하는 학생은 헌법을 비교하면서 공부를 한다면 우리나라 정치제도를 좀 더 잘 알 수 있다.

우리나라 법체계는 헌법-법률-명령-조례-규칙 순서로 이루어져 있다.

헌법은 제헌의회에서 처음 만들었고, 현재는 국회가 그 기능을 담당한다. 그리고 법률의 제정은 국회가 한다. 명령은 대통령령, 총리령, 부령으로 나뉜다. 조례는 지방의회가 만들고 규칙은 지방자치 단체장이 제정한다.

상위법 우선의 원칙에 위해 하위법은 상위법에 저촉될 수 없다. 따라서 우리나라는 특이하게 헌법재판소를 가지고 있다. 헌법재판소는 그 어떤 법이라도 헌법에 어긋나지 않도록 조정하는 역할을 한다. 헌법재판소의 역할에 대해서 특별히 관심을 갖고 공부를 해야 한다.

그리고 기본권에 대한 이해는 시기 순으로 익혀두어야 한다. 자유권부터 시작해서 최근의 환경권까지 기본권이 어떻게 발생되었는지 그리고 그 의미가 무엇인지를 곰곰이 익혀 두면 법과 사회는 아주 친근하게 다가올 것이다.

(3) 경제

경제는 요즘 선택하는 학생이 많이 늘어나고 있다. 수학처럼 분명한 답이 나오는 과목을 좋아하는 학생에게는 재미있는 영역이다.

시장에 대한 이해를 먼저 하고 소비자, 공급자 그리고 정부라는 3자 경제주체를 먼저 이해해야 한다. 소비의 주체인 가계, 생산의 주체인 기업, 조정자인 정부 그리고 세계 경제까지 제4의 주체도 알아두어야 한다.

경제학도들에게 경제학을 어떻게 하면 잘하냐고 물으면 대개 수요와 공급을 고민해 보라고 한다. 실제로 수요와 공급을 잘 알고 있으면 뒷부분 환율 문제 등 여타의 파트는 쉽게 접근할 수 있다.

아담 스미스가 '보이지 않는 손'으로 묘사했던 가격에 의한 자본주의 시장경제, 세계 대공황 이후 세계경제의 해결책을 제시했던 케인즈의 수정자본주의 경제학 그리고 마르크스에 의한 공산주의 경제학까지 모두 재미있는 공부거리이다.

(4) 사회문화

사회문화는 학생들이 가장 많이 선택하는 과목이다. 지위와 역할 체계 및 이를 중심으로 이루어지는 구성원들의 상호 관계가 '사회'라고 한다면, 집단구성원들이 공유하고 있는 인식, 가치, 믿음, 사고방식의 총체를 '문화'라고 할 수 있다.

사회문화 현상은 사회생활 속에서 인간의 의지와 행동에 따라 일어나는 모든 현상이다. 이 과목을 선택하기 전에 예전 수능 기출문제를 가져다 풀어보아 40점 이상이 나올 경우에는 선택하고 그렇지 않다면 다른 과목을 선택하는 것이 바람직하다.

사회탐구 대상으로서 사회문화 현상에 대한 이해를 먼저하고 개인과 사회고조, 공동체 생활과 지역사회, 인간과 문화현상, 현대사회와 사회문제, 미래사회의 전망과 대응으로 구성되어 있다. 따라서 객관적 이성을 바탕으로 몇몇 이론만 습득을 하면 쉽게 접근할 수 있는 영역이다.

① 공부방법론

기능론적 관점과 갈등론적 관점, 실증적 연구와 해석적 연구, 자료수집 방법, 사회문화 현상의 탐구태도, 사회적 상호작용, 일탈행동에 대한 이론, 사회 실재론과 사회 명목론, 관료제와 탈관료제, 사회계층을 바라보는 관점, 사회이동, 가족형태, 농촌과 도시의 특성비교, 개발전략에 따른 지역 개발 방식, 문화를 이해하는 관점, 문화의 속성, 문화변동의 원인, 산업사회와 정보사회의 비교, 사회문제를 바라보는 다양한 관점, 정보사회에 대한 낙관론과 비관론, 사회보장제도, 남북한 통일정책 비교 등을 점검해 두면 크게 보탬이 된다.

여기서 언급한 부분은 반드시 정리해 놓아야 한다.

(5) 국사

국사는 학생들이 사회 과목 중에서 가장 먼저 접하는 과목임에도 불구하고 어려워하는 과목이다. 국사를 잘하는 학생은 다른 과목도 대체로 잘하는 경향이 있다. 역사가 다른 과목들의 기반영역을 이루고 있음을 얘기해 주는 것이다. 결코 소홀히 할 수 없는 분야이다.

국사는 다음과 같이 분류된다.

- 선사시대
- 역사시대
- 고대 – 삼국시대 및 후삼국시대
- 중세 – 고려시대
- 근세 – 조선전기

6차 과정이 시대사였다면 7차 교육과정은 분류사로 되어 있다.

기초 실력이 부족한 학생들은 국사를 이해하는 것을 매우 어렵게 느끼고 있다. 쉽게 공부하려면 6차 교육과정처럼 시대별로 먼저 공부를 하면 좋다.

선사시대부터 조선시대까지 순서대로 공부한 후에 삼국시대, 고려시대, 조선시대 정치만 따로 공부하고, 또 처음부터 끝까지 경제만 공부하는 방식으로 마지막 정리를 하면 분류사를 쉽게 정복할 수 있다.

(6) 근현대사

근현대사는 조선시대 후반부터 다루고 있다. 원래는 한국사의 부분이나 범위도 많고 최근의 역사적 사실이 갖는 의미가 커지면서 국사와 근현대사로 나누고 있는 것이다.

조선시대는 1592년에 시작된 임진왜란과 병자호란 등 외세에 의해서 발생된 전쟁을 계기로 정치, 경제, 사회, 문화가 큰 변화를 보인다. 그래서 양란 이전을 조선전기라고 하고, 양란 이후를 조선후기라 한다.

전쟁을 거치면서 근대사회의 싹이 트면서 타고난 신분적 지위가 아니라 자신의 능력과 노력에 의해 사회적 지위가 결정되는 근대적 사회가 대두하게 되는 것이다.

근현대사는 19세기 중반의 흥선대원군의 개혁정치부터 다루고 있다.

① 공부방법론

근현대사는 다음과 같은 목차로 구성되어 있다.

- 한국 근현대사회의 이해
- 근대사회의 전개
- 민족 독립 운동의 전개
- 현대 사회의 발전

첫째, 근현대사는 큰 흐름을 잡는 것이 매우 중요하다. 조선후기 외세의 개항요구에 반대를 한 위정척사파와 개항을 해서 외국문물을 적극적으로 받아들이자는 개화파가 시간이 흐르면서 서로 바뀌어가는 모습을 가장 주의 깊게 보아야 한다.

그중 일본 제국주의에 대항하면서 민족주의 계열과 사회주의 계열의 움직임 또한 중요하게 여겨야 한다. 둘째, 경제적 변화에 주의하여야 한다. 전에는 정치 부문에 많은 관심을 주었다면, 현재는 경제 부문에 많은 관심을 주고 있다.

조선후기 이앙법의 등장으로 발생된 광작과 도조법은 소작관계에 변화를 가져오고 농민을 분화시키는 원인이 되었다. 부농과 소작농의 등장은 사회변화를 촉구시켜서 신분제를 근간으로 한 조선 봉건사회를 능력에 의한 대사회로 이행되기 시작했다. 더불어 양반사회도 권력을 지닌 권세가와 함께 농민과 하등 차이가 없는 잔반세력으로 나뉘게 된다. 부농들은 향권을 놓고 양반세력과 다투게 되었는데, 경제적 부가 중요한 수단으로 등장했기 때문이다.

(7) 세계사

세계사는 한국사와 더불어 역사영역에 속하는 과목이다. 역사 파트는 일단 흐름을 파악하는 것이 가장 중요하다. 선사시대와 역사시대 그리고 역사시대에서 시작된 고대사회, 중세사회, 근대사회 마지막으로 현대사회까지 연결시킬 수 있는 능력을 키워야 한다.

특히 서양역사뿐만 아니라 이제는 동양사도 중시해야 한다. 최근에는 우리나라 주변의 중국이나 일본 등 아시아와 관계된 문제들이 많이 출제되고 있기 때문이다.

(8) 윤리

윤리는 철학뿐만 아니라 국사하고도 밀접한 관련이 있는 과목이다.

우선 인간은 감성과 이성으로 구분될 수 있다. 감성은 인간의 본능에 해당된다면 이성은 학습에 의해 습득된 사회적인 판단 능력을 이야기한다. 서양의 철학사조는 그 중심을 감성과 이성에 두었느냐에 따라 시대별로 나뉜다. 우리는 이것을 이분법적 사고라고 한다.

개인에 대한 이해를 우선적으로 여기고 다음에 사회, 국가, 윤리로 확대해 나간다. 윤리의 목차를 눈여겨볼 필요가 여기에 있다.

윤리의 목차는 개인 윤리, 사회 윤리, 국가 윤리로 이루어져 있다.

사상은 동양사상, 한국사상, 서양사상으로 나누어지는데 그 핵심을 비교해 보면 크게 다를 것이 없다. 학생들이 서양사상을 어려워하는데, 이것은 도표를 만들어서 접근을 하면 쉽게 익힐 수 있다. 참고서나 다른 책에서 서양사상을 분류한 표가 있다면 복사를 해서 책상에 붙여두고 공부하는 것이 가장 좋은 방법이다.

(9) 한국지리

한국지리란 한반도라는 자연환경과 그곳에 인간이 거주하면서 발생되는 인문환경(사람들이 살면서 만들어내는 환경)에 대한 이해를 목적으로 한다.

한국지리는 크게 세 부분으로 나누어져 있다.

첫 번째 총론에서는 자연과 인간과의 관계를 다루고, 두 번째 부분에서는 우리나라 자연환경을 다루고 있다. 세 번째 부분에서는 인문환경에 필요한 자원과 도시생활 그리고 지역개발에 대하여 설명하고 있다.

최근에는 통일 이후의 상황을 설정하며 북한의 지리에 대한 이해를 묻는 문제나 북한의 경제정책을 지리적 상황과 연결해서 중요하게 여겨야 하는 이유에 대해서 자주 출제가 되고 있다.

① 공부방법론

첫째, 100개의 사진을 익힌다. 한국지리에는 100장 정도의 그림이 나온다. 이 그림에 대해서 그 내용과 의기를 알아 두면 한국지리의 70%는 완성된다고 볼 수 있다.

둘째, 자료해석 능력을 키워야 한다. 그림뿐만 아니라 도표도 많이 나오는 데 평상시 신문이나 자료들을 보면서 해석하는 방법을 익혀둔다면 쉽게 배울 수 있는 부분이다.

셋째, 단원에 등장하는 주요 개념이나 원리에 대한 이해를 해야 한다. 사회 과목은 단순한 암기 과목이 아니다. 어떤 현상에 대해 원인을 분석하는 노력이 필요하다. 그러면 암기하기도 쉽고, 암기한 것을 오래 기억할 수도 있다.

넷째, 최근 사회 현상에 대한 공부를 게을리 해서는 안 된다. 한국지리는 특히 그 해에 중요시 되었던 사회문제를 지리 현상과 연관시키는 문제가 많이 출제되고 있다. 예를 들면 새만금 간척사업이나 개성공단 같은 이슈는 서해안 개발이나 북한경제과 연계시켜서 알아 두어야 한다.

다섯째, 자연환경에 대한 관심을 가져야 한다. 봄이 되면 일기예보에 가장 많이 등장하는 것이 황사현상이다. 황사현상이 왜 발생하는지, 황사현상이 우리나라에 미치는 영향이 무엇인지 그리고 그에 대한 대책은 무엇인지 등 이런 식으로 자연환경에 대한 관심을 가져야 한다.

(10) 세계지리

세계지리는 세계의 자연환경과 인문환경에 대하여 다루고 있다.

예전에는 자연환경에 관계되는 문제들이 대부분이었다면 요즘은 인문환경에 대한 문제들이 많이 출제되고 있다. 특히 세계화와 국제화가 가속화 되고 있는 시점에서 다른 나라의 연계성에 관심을 가져야 한다.

① 공부방법론

첫째, 세계지리 부도를 놓고 공부해야 한다.

지리과목은 성격상 위치가 중요한 영향력을 발휘한다. 대상 지역이 위도와 경도상 어디에 있는지 그리고 대륙에 해당되는지, 아니면 해양에 접해 있는지 기본사항을 파악하면서 공부를 하면 쉽게 접근할 수 있다.

둘째, 한국지리와 연계해서 공부해야 한다.

세계지리는 많은 부분 한국지리와 비슷한 면이 있다. 그래서 초·중등 교과과정에서 공부를 충실히 한 학생은 세계지리도 잘할 수 있다. 우리는 이런 것을 마인드라고 한다. 이런 지리 마인드를 기르기 위해 노력해야 한다.

셋째, 세계 지역별로 비교하여 공부해야 한다.

세계는 오대양 육대주로 구성되어 있다. 태평양, 대서양, 인도양, 북

극해, 남극해를 오대양 그리고 유럽, 아시아, 아프리카, 오세아니아, 남아메리카, 북아메리카를 육대주라 한다. 그 안에 국가가 존재하는 것이다. 국가는 큰 대륙에 지표상 한 구역에 위치하기에 대륙이나 해양의 요소에 큰 영향을 받게 된다. 따라서 대륙별로 비교하고, 그 안에서 나라를 분석한다면 지리 공부는 한결 재미있고 쉽게 정복할 수 있다.

5) 학년별 사회교육의 목적

(1) 초등학교 프로그램에 대한 소개

초등학교 사회 과목에서는 사회를 전반적으로 이해할 수 있도록 전 영역을 혼합시켜 놓고 있다. 쉽게 얘기하면 총론 부분에 해당되는 것이다.

따라서 앞에서 다룬 모든 것들이 조금씩 섞여서 나오기 때문에 공부를 할 때는 기초에 충실하기만 하면 된다. 예를 들어 한국지리가 나온다면 실제로 지도책을 가져다 놓고 아이들이 지명을 스스로 찾아보는 방법으로 공부를 하면 공부에 재미도 붙일 수 있고, 암기한 것을 오래 유지할 수도 있다.

(2) 중학교 프로그램에 대한 소개

중학교 사회는 초등사회와 고등학교 사회를 연결하는 교두보 역할을 한다.

1학년 과정에서는 한국지리의 기본내용과 중부지방, 남부지방, 북부

지방을 공부하고, 세계지리에서 아시아, 아프리카, 유럽, 아메리카 그리고 오세아니아의 생활을 공부한다. 아울러 세계사의 일부도 공부를 해야 한다.

2학년 과정에서는 1학년 과정에서 못다 한 유럽사와 서양근대사 그리고 아시아의 근대사를 공부한다. 그리고 뒷부분에서는 사회문화의 일부를 배우게 된다.

3학년 과정에서는 2학년 과정의 연장선상에서 정치와 경제 그리고 한국지리 중에서 인문지리 영역을 공부해야 한다. 마지막 부분에서 미래사회에 대한 전망을 배우며 우리나라의 미래 사회의 문제점과 지향점을 고민하는 자리를 마련하고 있다.

(3) 고등학교 프로그램에 대한 이해

고등학교 사회는 매우 세분화 되어 있다. 사회를 바라보는 다양한 관점을 바탕으로 앞에서 제시했던 수능의 전과목을 배우게 된다.

대학입시에서는 사회 과목에서 많게는 4개, 적게는 2개 과목의 점수를 반영한다. 따라서 학교마다 조금씩 다르지만 보통 4과목 이상을 가르치고, 선택과목은 방학기간에 보충수업이나 학원에서 배워야 한다.

가장 많이 선택하는 과목은 한국지리, 사회문화, 정치 과목이다. 이에 비해 가장 선택을 꺼려는 과목은 경제지리, 세계지리, 세계사, 법과 사회 과목이다.

많은 학생이 선호하는 과목은 내용이 어렵지 않으며 전반적인 이해를 요구하는 과목인 반면에, 많은 학생이 꺼리는 과목은 영역별로 각론에 해당되며 초등학교와 중학교에서 많이 접하지 않은 부분이라 크게 어려워하는 과목이다.

고등학교에서 배우는 사회 과목은 대학어 진학했을 때 학생의 학과 선택에 중요한 자료가 될 수 있다. 학생이 간일 정치 과목을 잘한다면 사회과학대 정치학과에, 경제 과목을 잘한다면 상경대학 경영학과나 경제학과, 무역학과, 회계학과 중 하나를 선택하면 적성을 살리는 길이 된다.

고등학교 프로그램은 대학뿐만 아니라 학생의 진로와 미래 직업에 중요한 변수가 될 수 있는 것이다. 따라서 다양한 영역을 접하며 자기 적성에 많은 과목을 선택하는 것이 매우 중요하다.

* 초·중학교 사회 과정은 최종 고등학고 과정을 위한 기초 과정으로 보고, 고교 과정에 중점을 두어 집필된 원고이다.

06

기타 과목 학습법

1) 도덕 학습법

(1) 교과서에 있는 용어의 쓰임을 올바로 이해하자

- 다음 중 난 사람과 된 사람에 대한 설명으로 바르지 못한 것은?

  ① 난 사람은 소위 출세한 사람이다.

  ② 된 사람은 인간적으로 성숙한 사람이다

  ③ 된 사람은 명성이 오래 간다.

  ④ 난 사람은 다른 사람을 이끌어야 한다.

  ⑤ 된 사람은 가치 있는 삶의 기준이 된다.

한 학생이 이 문제를 보고 질문을 했다.

“선생님, 난 사람이 뭐예요?”

“응, 그것은 사회적으로 이름이 널리 드러난 사람을 말하지.”

“그럼, 원더걸스 같은 사람도 난 사람이 될 수 있는 건가요?”

“그렇지, 그 애들도 난 사람이라고 할 수 있겠지.”

그러자 이 학생은 국어 문제를 꺼내들며 이렇게 물었다.

“선생님, 그럼 든 사람은 뭐예요?”

“든 사람? 글쎄, 된 사람을 잘못 안 것 아냐?

“선생님, 여기 보세요. 여기에 ‘든 사람은 몰라도 난 사람은 안다.’는 속담이 있잖아요. 그럼 뭐가 든 사람은 몰라도 세상에 이름난 사람은 안다는 뜻인 것 같은데, 이걸 어떻게 해석해야 해요?”

“거기에 나오는 ‘든 사람’이란 뜻은 ‘새로 들어온 사람’이라는 뜻이고, ‘난 사람’의 뜻은 ‘집에서 나간 사람’이라는 뜻이야. 여기서 말하는 ‘난 사람’이라는 뜻과는 전혀 다른 거야.”

도덕 시간에 배우는 ‘난 사람’은 ‘사회적으로 이름난 사람’을 가리키는 말이고, ‘된 사람’은 ‘사람다운 사람, 올바른 인격을 갖춘 사람’을 가리키는 말이다. 그래서 ‘난 사람’보다는 ‘된 사람’이 되어야 한다고 배우고 있다. ‘된 사람’이 저절로 ‘난 사람’이 되면 그 명성은 오래가지만, ‘난 사람’이 ‘된 사람’이 되지 못하면 그 명성은 오래가지 못한다고 한다. 그만큼 ‘사람다운 사람, 인격을 갖춘 사람’이 되라는 뜻이다.

그런데 국어 시간에 속담에서 배우는 ‘든 사람’과 ‘난 사람’은 도덕 시간에 배우는 말과 완전히 개념이 다른 뜻으로 사용되는 말이다. '든 사람은 몰라도 난 사람은 안다.'는 속담은 '들어온 사람은 티가 안 나서 잘 몰라도 나간 사람은 금방 티가 나기 때문에 바로 알 수 있다.'는 뜻으로 쓰이는 말이다.

도덕은 크게 어려운 것이 없는 과목이다. 그런데 이처럼 용어에 대한 이해가 부족한 아이들은 도덕을 어려워할 수밖에 없다. 따라서 도덕 공부를 잘하기 위해서는 무엇보다 먼저 교과서에서 쓰이는 용어의 개념을 올바르게 이해해야 한다.

도덕은 말 그대로 도덕적인 사고방식으로, 도덕적인 가치관에 맞는 답지를 선택하면 그것이 정답일 확률이 높다.

실제로 도덕 시험 점수가 낮은 학생들의 경우를 보면 용어에 대한 개념 파악을 제대로 못하고 있는 경우가 많다. 따라서 도덕 공부를 열심히 하기는 하는데 생각만큼 점수가 많이 나오지 않는다고 하면 먼저 이런 부분을 짚어볼 필요가 있다.

앞의 문제도 '난 사람'과 '된 사람'이라는 용어의 개념만 정확히 알고 있으면 쉽게 답을 골라낼 수 있는 문제이다. 원더걸스는 분명히 난 사람은 될 수 있을지 모르지만, 그들이 인기가 좀 있다고 해서 다른 사람을 이끌 수 있는 능력을 가진 된 사람이라고 볼 수는 없기 때문이다.

(2) 사회적으로 객관적인 가치 판단을 중요하게 여기자

● 다음 중 우리의 삶에서 직업이 지니는 의의로 알맞지 않은 것은?

① 생계 유지 　　② 자아 실현 　　③ 사회 참여
④ 사회적 역할 수행 　　⑤ 계층 상승의 통로

한 학생이 이 문제를 보고 심각하게 물어 왔다.

"선생님, 도덕 문제의 답은 현실과 다른 건가요?"

"왜?"

"이 문제의 답이 왜 ⑤번이에요?"

"그럼, 너는 몇 번이라고 생각하는데?"

"전 ①번이라고 생각해요."

"왜?"

"답지 중에 ①번이 가장 안 좋은 말이잖아요. 이런 문제는 대개 답지 중에 가장 안 좋은 말이 답이 아닌가요?"

객관식 문제의 특징은 이 문제처럼 '알맞지 않은 것을 고르라'는 문제는 답지 중에 가장 부정적인 것을 고르면 답일 확률이 높다. 이 학생은 5지 선다형 객관식 시험문제의 특징을 바로 알고 있는 것이다.

그렇다면 이 학생은 왜 ①번의 '생계 유지'라는 말을 왜 부정적으로 보았을까?

이 학생은 그 이유를 이렇게 설명했다.

"사실 ③번과 ④번은 비슷한 말이잖아요. 그러니까 당연히 답이 될 수 없다고 보았고, ②번은 말이 근사하잖아요. 도덕에서 근사한 말은 거의 맞는 말이어서 당연히 답이 아니라고 생각했어요. 문제는 ⑤번인데 좋은 직업을 가지면 당연히 계층이 상승하는 것 아닌가요? 그리고 우리가 기를 쓰고 공부하는 것은 좋은 직업을 갖기 위한 것이잖아요. 그러니까 ⑤번도 당연히 맞는 말이잖아요. 그런데 ①번의 생계 유지를 위해서 직업을 갖는다는 것은 좀 이상한 말이 아닌가요?"

사실 이 문제에 대해서 이 정도의 문제를 제기하는 학생은 다른 과목에서도 이와 비슷한 문제를 틀리는 경우가 많다. 남들보다 좀 더 심도 있게 생각하는 습관이 오히려 감점 요인으로 작용을 하는 것이다.

우리는 수업시간에 직업에는 좋고 나쁜 것이 없다는 것을 배운다. 물론 월급이 다르고, 사회적인 대우가 다를 수는 있지만, 그 어떤 직업도 사회를 위해서는 필요하지 않은 직업이 없기 때문이다.

결국 이렇게 따져 보면 ⑤번의 '계층 상승의 통로'라는 말은 직업에 좋고 나쁨을 전제로 한다는 것을 알 수 있다. 결국 ⑤번은 사회적으로 인정해서는 안 될 직업의 좋고 나쁨을 기정사실로 인정하는 꼴이기 때문에 결코 직업의 이유로 옳은 답이 될 수 없는 것이다. 결국 이 문제의 답은 ⑤번인 것이다.

도덕 문제에는 이런 것들이 많다.

따라서 도덕 시험을 잘 보고 싶다면 먼저 개인적인 경험이나 주관적인 가치 판단으로 옳고 그름을 따질 것이 아니라, 사회적으로 인정받을 수 있는 객관적인 가치 판단을 기준으로 삼는 안목을 키울 줄 알아야 한다. 그러기 위해서는 어떤 현상을 내 기준에서 판단하고 평가할 것이 아니라, 제 삼자의 입장에서 사회인의 일원으로서 좀 더 깊이 생각해 보는 연습이 무엇보다 필요한 것이다.

(3) 도덕을 암기 과목이라고 하는 이유를 항상 염두에 두자

> ● 다음 중 연결이 바르지 못한 것은?
>   ① 김종서 : 여진족을 몰아냄
>   ② 정조 : 학술 발전에 크게 이바지
>   ③ 김시습 : 고유 신앙을 소설로 표현
>   ④ 허준 : 청백리의 자세를 일깨워 줌
>   ⑤ 유수원 : 상공업 진흥을 역설함

이 문제는 처음 보았을 때 답을 알면 그냥 풀 수 있는 문제이지만, 처음 보았을 때 답을 모른다면 아무리 머리를 싸매고 고민을 해봐도 쉽게 풀 수 없는 문제이다.

도덕은 교과서에 나와 있는 대로 반드시 암기를 해야 답을 찾을 수 있는 문제들이 많다. 암기할 것을 암기하지 못하면 아예 문제를 풀 수 없는 것들이 많은 것이다. 따라서 도덕 시험을 위해서 암기해야 할 부분은 반드시 암기를 해야 한다.

물론 틈틈이 공부를 해두면 더욱 좋겠지만, 영어나 수학 때문에 평소에는 시간을 내기가 어렵다면 시험을 앞두고라도 암기해야 할 것은 반드시 집중적으로 암기를 해야 하는 것이다.

(4) 국어 공부법을 연계시키자

도덕은 사실상 국어 문제와 떼어 놓고 보기 힘들다. 그만큼 도덕 시험과 국어 시험은 공통점이 많다. 도덕은 웬만한 낱말의 뜻풀이와 문제유형에 핵심을 익혀만 놓는다면 큰 실수 없이 만점을 목표로 삼을 수 있는 과목이다.

따라서 도덕 시험을 잘 보고 싶다면 국어 학습법을 연계시키는 것이 중요하다. 객관식 문제의 특성상 큰 실수를 하지 않기 위해 문제집 위주로 문제를 많이 풀어보는 것이 좋다.

도덕은 국어와 마찬가지로 처음에 답이다 싶은 답지가 답일 확률이 높다. 따라서 도덕 문제를 풀 때도 스스로 오답 노트를 만들어 보는 것이 좋다. 굳이 오답 노트를 만들기가 귀찮다면 문제집을 깨끗하게 사용하면서 틀린 문제에 답을 체크하지 않는 것도 좋은 방법이다.

그렇게 문제집을 다 풀어 본 다음에 틀렸던 문제를 점검해 보고, 확실하게 익혀 둔다면 실수로 틀리는 잘못을 많이 줄여 나갈 수 있다.

2) 기술·가정 학습법

(1) 너무 점수에만 얽매이지 말자

많은 학생들이 입시 위주의 수업을 강요하는 풍토에서 고입 연합고사나 대입 수능에서 차지하는 비중이 크지 않기 때문에 대개 시험 기간에만 집중적으로 공부를 하는 경우가 많다. 그러나 기술·가정은 암기 과목 중에서 가장 어려운 과목으로 여기는 학생이 많은 것처럼 단기간에 좋은 성적을 거두기는 결코 쉽지 않다.

그래서 사실 기술·가정은 적어도 수업 시간만이라도 관심을 갖고 선생님의 설명을 잘 들어야 한다. 수업 시작 전에 짧은 시간을 이용해서 미리 배울 단원의 내용을 읽어 보는 것은 수업 효과를 배로 증가시킬 수 있는 가장 좋은 방법이다.

평상시에 관심을 갖고 공부를 하기보다 시험을 앞두고 단기간에 암기에만 의존하는 방법은 결코 좋은 방법이 아니다. 특히 시험을 앞두고 단기간에 암기에 의존하는 학생들은 오로지 점수에만 얽매이는 경우가 많은데 그것은 오히려 꼭 필요한 것을 외우는 데 방해가 될 수 있다.

시험 점수에 얽매여 높은 점수를 받아야만 한다는 강박관념으로 공부를 하다 보면 오히려 역효과를 볼 수가 있다. 기껏 외운 문제도 막상 시험 시간이 되면 가물가물 떠오르지 않는 경우가 많기 때문이다.

(2) 평소에 호기심을 갖고 수업어 임하자

기술·가정은 우리 생활과 가장 밀접한 것들을 배우는 시간이다. 따라서 평소에 호기심을 갖고 신문이나 인터넷, 잡지, 관련 도서 등을 많이 접하는 것이 좋은 방법이다.

고입 연합고사에서 기술·가정은 주로 중학교 3학년 과정의 '전기와 전자 기술'에서 매년 높은 출제 비중을 보이고 있다. 그리고 출제된 문제는 교과서 그림과 연결하고 종합적인 사고를 필요로 하는 것들이 많다. 따라서 교과서에 나온 그대로 기본적인 개념을 정확하게 이해할 수 있어야 한다.

또한 중학교 2학년 과정의 '기계의 이해'와 1학년의 과정의 '제도의 기초'도 연합고사에 매년 출제되는 단원이다. 이것 역시 교과서에 나온 그림을 본문의 내용과 연결시켜 확실히 이해해야만 쉽게 풀 수 있는 문제들이다.

앞에서 살펴본 대로 연합고사에 높은 출제비율을 보이는 단원의 문제들은 평소에 호기심을 갖고 수업에 임하면 쉽게 이해할 수 있는 것들이다. 그러나 평소에 전혀 관심을 갖고 있지 않다가 시험을 앞두고 급하게 외우려고만 들면 참으로 어려운 단원이 아닐 수 없다.

특히 '전기와 전자', '기계', '제도' 등은 우리 생활과 밀접한 관계가 있다. 따라서 시험만을 위한 공부가 아니라 이런 것들을 잘 알아 두면 실제 생활에 많은 도움이 된다는 생각으로 공부에 임하면 더욱 쉽게 배울 수 있다. 그래야 개념에 대한 이해도 더 잘할 수 있고, 암기를 해도 오래 지속할 수 있는 것이다.

중학교 3학년 과정의 '산업과 진로', '가족의 식사관리', '가족생활과 주거'는 실생활에서 참으로 중요한 것들이다. 실제로 학생들이 학교를 졸업하고 나면 시험 때문이 아니라 실제로 여러분과 가족의 행복을 위해서 꼭 알아 두어야 할 것들이다. '컴퓨터'는 앞으로 생활과 떼어놓을 수 없는 필수품이 될 것이 분명하니까 더욱 적극적으로 관심을 갖고 수업에 임하는 것이 중요하다.

학창시절의 공부를 고생으로만 생각하지 말고, 나중에 학교를 졸업한 후에 나와 가족의 행복을 위해 기본적인 것은 스스로 해결할 능력을 키우기 위해서라도 평소에 호기심을 갖고 알아두면 좋은 것들이다. 따라서 기술·가정은 먼저 외우기 힘든 암기 과목으로 생각하기보다는 실생활에 많은 도움을 받을 수 있는 과목이라는 것을 올바로 인식하고 좀 더 적극적인 관심을 갖고 수업에 임하는 자세가 무엇보다 필요한 것이다.

(3) 암기 과목 공부법에 충실하자

기술·가정은 암기 과목으로 분류되는 대표적인 과목이다.

암기 과목의 교과서는 단원별로 본문 앞에 그 단원에서 배워야 할 것이 무엇인지 제시되어 있다. 따라서 본문을 읽기 전에 먼저 본문 앞에 제시되어 있는 '학습목표'를 꼼꼼히 읽어 둘 필요가 있다. 학습목표를 읽다 보면 어느 정도 감을 잡을 수 있는 것과 그렇지 못한 것이 한눈에 보이게 된다.

그리고 수업시간에는 교과서에 중점적으로 선생님이 중요하다고 강조하는 것들을 메모해야 한다. 그림과 도표를 중심으로 선생님이 덧붙여준 설명이나 예시 등을 필기해서 정리해 놓으면 시험을 앞두고 집중 정리를 할 때 큰 도움을 받을 수 있다.

암기 과목은 수학이나 과학처럼 응용해서 낼 수 있는 문제에 한계가 있다. 그래서 군이 많은 문제집을 풀어볼 필요는 없다. 대신 한번 문제를 풀 때마다 내용을 정확히 파악하고 중요한 부분은 확실히 외워두는 습관을 들여야 한다.

그림과 도표를 확실하게 이해하고, 개념을 확실하게 이해하고만 있다면 아무리 생소한 문제라도 큰 두리 없이 정답을 찾아낼 수 있다는 것을 믿고 따라 행하면 분명히 좋은 성적을 얻을 수 있다.

과연 나는 어떤 부모인가?

과연 나는 이 시대의 부모로서, 부모의 역할을 제대로 하고 있는 것인가?

과연 이 시대에 부모 역할을 제대로 한다는 것은 무엇인가?

과연 어떻게 하는 것이 진정으로 자식을 위한 것인가?

PART 3

부모에게도 돌직구 학습법이 필요하다

01 우리 아이 홀로 세우기

우리 아이 홀로 세우기

멀리 보는 새가 멀리 간다고 했던가. 인생 목표에 따른 장기 전략을 알아두자. 고등부 공부 진행은 어떻게 하는지 미리 알고 대처해 가자.

과연 나는 어떤 부모인가?

과연 나는 이 시대의 부모로서, 부모의 역할을 제대로 하고 있는 것인가?

과연 이 시대에 부모 역할을 제대로 한다는 것은 무엇인가?

과연 어떻게 하는 것이 진정으로 자식을 위한 것인가?

짧은 시간만이라도 함께 고민할 수 있는 자리를 마련했다.

1) 자식은 내가 아님을 알자

사람은 태어날 때
자기 복을 가지고
오기 때문에
어떤 집에 태어나든
부모 복이 아닌
자신의 복으로 살아간다.
부모를 잘 둔 것도
자신의 복이고
부모를 잘못 둔 것도
다 자신의 복으로
살아가는 것이다.

(1) 자식과 부모 중에 누구를 먼저 구할 것인가?

부모님을 모시고 함께 가족 여행을 하다가 부모와 자식이 물에 빠졌다면 누구를 먼저 구하겠습니까? 그리고 그 이유를 간단히 말해 보시기 바랍니다.

아이들이 대학입시에서 실제로 치러야 했던 심층면접 문제입니다.

이런 문제를 접할 때 사실 이 문제는 아이들이 아니라 먼저 우리 부모들한테 필요한 문제가 아닐까 생각이 들었습니다. 사실 이 문제는 답만 외워서 될 것이 아니라 실제로 삶 속에 녹아 있어야 자연스럽게 평가를 받을 수 있기 때문입니다.

자, 그렇다면 여러분은 어떻게 생각하나요?

부모의 입장으로서가 아니라 사회인으로서의 인성을 평가받는 수험생의 입장으로서 어떻게 대답을 해야 한다고 생각하나요? 과연 여러분의 자녀분이 이 문제를 가지고 와서 답이 무엇이냐고 묻는다면 무엇이라고 할 것인가요?

"저는 당연히 자식을 구해야 한다고 생각합니다."

"왜?"

"타이타닉이라는 영화에서도 배가 난파됐을 때 어린아이와 여자부터 구하는 것을 봤습니다. 그런 것을 통해 본다면 부모님은 살 만큼 살았고, 아이는 아직 미래가 창창하기 때문입니다."

실제로 많은 아이들이 이렇게 대답을 하고 있습니다. 어쩌면 이것이 요즘 아이들의 합리적인 생각일지도 모릅니다.

여러분은 아이들의 이런 생각에 대해서 어떻게 생각하나요?

"저는 다른 관점에서 자식을 먼저 구해야 한다고 생각합니다."

"어떤 관점인데?"

"사실 그 상황에서 부모님을 먼저 구하고 자식이 죽으면 나중에 부모님이 더 괴로워하실 것 같습니다. 괜히 자신 때문에 어린아이가 죽었다고 가슴 아파할 것 같으니까 차라리 자식을 구하는 것이 더 낫지 않을까요?"

간혹 이렇게 말하는 학생도 있습니다. 심층면접이나 논술에서 논리적인 사고가 중요하다고 하니까 이렇게 논리적인 근거를 들고 있는 것입니다. 이것도 어쩌면 요즘 아이들의 합리적인 생각을 반영하는 것일지도 모릅니다.

"당연히 부모를 구해야 하는 것 아닌가요?"

물론 이렇게 말하는 아이들도 간혹 있습니다. 개인적인 생각으로는 그래도 아직 우리 사회에 희망이 남아 있다는 것을 느끼는 순간입니다.

"왜, 부모를 먼저 구하는 것이 당연한 건데?"

"그야 자식은 또 낳을 수 있잖아요. 그런데 부모님은 한번 돌아가시면 그만이니까……."

"그렇다면 너한테는 조금 문제를 바꿔 볼 필요가 있겠네. 만약에 자식이 아니라 아내와 부모가 물에 빠졌다면 누구부터 구해야 한다고 생각하는데? 그 이유는?"

"어, 그것은……."

"네 논리대로라면 자식처럼 아내도 다시 구할 수 있으니까 당연히 부모를 구해야 한다고 해야 하는 것 아냐? 그런데 뭘 망설이는데?"

"그건 좀 괜히 찔리네요."

"왜?"

"글쎄요, 왜 그럴까요?"

참, 힘든 문제입니다. 이 문제는 수험생인 아이들에게만 힘든 문제가 아니라 사실 아이를 키우고 있는 부모의 입장인 필자에게도 여간 어려운 문제가 아닐 수 없습니다.

그렇다면 여러분은 여러분의 자녀가 이런 문제에 어떻게 답을 하기를 바랍니까? 과연 어떻게 해야 여러분 자녀가 대학에서 원하는 답을 막힘없이 말할 수 있다고 생각하나요?

(2) 옛날과 달라진 것은 누구 책임인가?

옛날에 한 사람의 인성을 테스트하는 흔한 질문의 하나는 '강에서 물에 떠내려가는 부모와 자식이 있을 때 당신은 누구를 먼저 구할 것인가?'라는 질문이었습니다. 그리고 이에 대한 타당한 대답은 부모를 먼저 구한다는 것이었습니다. 이러한 질문은 오늘날에도 유효한 것일까요?

이 문제를 통해 볼 때 앞의 문제에 대한 답으로 옛날에는 부모를 먼저 구한다고 해야 좋은 평가를 받을 수 있었습니다.

그런데 중요한 것은 옛날에는 그랬는데 오늘날에도 그래야 하냐는 것입니다.

여러분은 어떻게 생각하나요?

사실 이 문제야말로 더더욱 우리 부모가 먼저 고민해야 할 문제입니다.

옛날에는 대가족 사회를 이루면서 도덕과 윤리가 강조되면서 효 사상을 당연한 것으로 여겼습니다. 그래서 닭 한 마리를 잡더라도 뒷다리는 항상 부모님 몫으로 남겼습니다. 설사 부모님이 그 뒷다리를 차마 다 드시지 못하고 손자나 손녀에게 다시 넘기는 한이 있더라도 자식의 입장에서는 항상 부모님을 먼저 챙겼던 것이 사실입니다. 그런

생활 속에서 자식들도 자연스럽게 부모를 자식보다 우선시하는 마음을 갖게 되었습니다.

그런데 요즘은 어디 그런가요? 통닭 한 마리를 시키더라도 가장 좋은 뒷다리는 자식들 몫이고, 부모는 뒷전으로 밀리고 있습니다. 물론 부모님들이 "난 괜찮다."라고는 하시지만, 그 마음을 헤아리기보다는 그것을 너무나 당연히 여기고 있습니다. 그런 생활 속에서 자식들도 부모를 통해서 그대로 따라 배우고 있는 것이 사실입니다.

또한 핵가족화가 되면서 아이들은 할아버지와 할머니를 소홀히 대하는 부모의 행동을 그대로 지켜보고 있습니다. 그러다 보니까 아이들에게 부모는 자연스럽게 뒷전으로 밀리고 있는 것이 사실입니다.

이런 현실에서 아이들이 "옛날에는 부모를 먼저 구하는 것이 답일지 모르지만 요즘은 세상이 바뀌어서 수능 문제의 합리적인 선택을 하기 위해서라도 자식을 구한다고 해야 하는 것이 답이 아니냐?"고 되묻는 것은 어쩌면 당연한 현상인지도 모릅니다.

물론 이 문제도 '당연히 부모를 먼저 구하는 것이 오늘날에도 유효하다.'고 해야 좋은 평가를 받을 수 있는 답입니다.

이 문제는 단순히 부모와 자식 중에 누구를 먼저 구하는 것이 합리적이냐가 아니라, 옛날이나 오늘날이나 인간 사회에서 꼭 필요한 것이 무엇인가를 묻는 문제이기 때문입니다.

그렇다면 과연 옛날이나 오늘날이나 인간 사회에서 꼭 필요한 것은 무엇일까요?

그것은 바로 인간 사회를 지탱해 주는 도덕과 윤리인 것입니다. 자식을 먼저 구하는 것은 누구나 본능적으로 할 수 있는 일이지만, 부모를 먼저 구하는 것은 그야말로 도덕적이고 윤리적인 삶을 추구하는 사람만이 할 수 있는 선택이기 때문입니다.

옛날에는 그래도 주변 사람들의 눈치를 봐서라도 도덕적이고 윤리적인 선택을 할 수밖에 없는 사회적 분위기가 컸습니다. 남의 눈을 의식해서라도 부모를 구한다고 하는 사람이 많았습니다 그런데 요즘은 이기적인 풍토가 팽배해지면서 도덕이나 윤리보다는 현실적이고 실용적인 선택을 우선시하는 분위기가 확산되고 있습니다.

그러니까 "부모는 그래도 살 만큼 살았고, 자식은 어린아이라 아직 살아야 할 날이 많기 때문에 먼저 구해야 한다."는 답이 스스럼없이 나오고 있는 실정입니다.

사실 이 문제는 아이들의 문제가 아니라 바로 아이들을 그렇게 키우고 있는 우리 부모의 문제가 아닐까 싶어 이렇게라도 문제를 제기하고 있는 것입니다.

(3) 나는 과연 부모님께 어떻게 하고 있나?

중학교 1학년 학생이 쉬는 시간에 공책에다가 예쁜 집을 그리고 있었습니다. 그래서 이렇게 물어보았습니다.

"앞으로 네가 살고 싶은 집이야?"

"어, 어떻게 알았어요?"

"집이 너무 멋져서. 나도 그런 집에서 한번 살고 싶네."

"그렇죠? 너무 멋지죠? 그런데 선생님 이건 뭔지 아세요?"

학생은 근사한 별장과 같은 근사한 집 앞에 있는 볼품없는 개집 같은 모양을 가리켰습니다. 그래서 저는 아무 생각 없이 말했습니다.

"너는 그렇게 멋진 집을 그려놓고 그 앞에 보기도 좋지 않게 그런 개집을 그려 놓았냐?"

그러자 그 학생이 멍한 표정으로 말을 했습니다.

"어, 이거 개집 아닌데?"

"그럼, 그게 뭔데?"

"이건 우리 엄마 아빠 집이에요. 이 다음에 엄마 아빠 늙으면 이 집에서 살게 할 거예요."

순간적으로 어이가 없어서 학생의 얼굴을 빤히 바라보았습니다. 그랬더니 그 학생은 저의 반응을 이해할 수 없다는 표정으로 이렇게 말했습니다.

"어쩔 수 없어요. 제가 나이 먹어서도 엄마 아빠랑 한 집에서 산다는 것은 비극이에요."

"왜?"

"엄마 아빠는 항상 자기가 하고 싶은 대로 해요. 할머니 할아버지도 무서워하지 않아요. 그런데 제가 어떻게 나이 들어서도 그 꼴을 봐요."

"그래도 네가 너무 쉽게 말하는 거 아니니? 내가 네 부모님이라면 가슴 아프겠다."

"그러니까 선생님도 선생님 애들한테 잘해 주세요. 괜히 후회하지 마시고……"

"………?"

요즘 아이들이 당돌하다는 것은 알았지만 이런 경우는 순간적으로 당황할 수밖에 없었습니다. 사실 이런 경우에 더 이상 뭐라고 말해봤자 아이한테는 잔소리로밖에 들리지 않을 것 같아서 가만히 있을 수밖에 없었습니다.

나중에 좀 더 이야기를 나눠 보려고 했는데 아이의 부모님이 성적이 나쁘다며 개인과외를 시키겠다고 학원을 그만두게 하는 바람에 더 이상 이 아이를 볼 수는 없었습니다. 그렇지만 그 아이의 말과 행동은 지금도 제 뇌리에서 떠나지 않고 있습니다.

아이를 통해서 배우고 있다고나 할까요?

과연 어떻게 하는 것이 이 시대에 부모로서 올바르게 사는 것인지 생각하게 합니다.

(4) 나는 과연 부모님이 하라는 대로 했나?

중학교 2학년 학생이 있습니다. 부모님이 억지로 학원을 보내서 왔다는 학생입니다.

"넌 도대체 학원에 왜 왔니? 공부도 하지 않을 거면서."

"학원에 안 오면 엄마한테 혼나잖아요."

"그러면 공부를 해야 하잖아?"

"공부는 왜 해야 하는데요?"

"그걸 정말 몰라서 묻는 거야?"

"네, 정말 저는 왜 공부를 해야 하는지 모르겠어요."

"그러면 엄마는 왜 너를 학원에 가라고 했는데?"

"공부를 잘해야 나중에 잘산다고 하잖아요. 자기도 공부 못했으면서."

"그럼, 너희 부모님은 잘사시니?"

"네, 아빠가 큰 목장을 해요. 거기 있는 소만 다 팔아도 몇 억 원은 될걸요."

"그럼, 이 다음에 너도 소를 키울 거야?"

"아뇨."

"그럼, 뭐 할 건데?"

"소를 키우는 것만큼은 싫어요."

"왜?"

"앞으로 수입개방이 되면 목장은 망할 게 뻔하잖아요. 그런데 왜 그 고생을 해요? 차라리 그거 팔아서 좀 더 편하게 사는 게 훨씬 낫죠."

"그러니까 엄마는 너만이라도 좀 더 편하게 살게 하려고 공부하라고 하는 게 아닐까?"

"그런데 왜 꼭 공부를 해야 돼요?"

"그래도 이왕이면 좋은 대학 나와야 좀 더 편하게 돈을 벌 수 있는 것이 현실이잖아?"

"그래도 전 공부가 싫어요."

"왜?"

"공부 때문에 스트레스 엄청 많이 받잖아요."

사실 이 이야기는 아이를 학원만 보내면 다 될 거라고 생각하는 부모님들께 학원 강사의 입장에서 보고 느낀 것 중에 가장 심각하게 알려 드리고 싶은 것 중의 한 부분입니다.

물론 학원에 오는 아이들 중에는 자신의 앞가림을 철저하게 하는 경우가 많습니다. 그들 중에는 자신들이 학교 수업으로 부족했던 부분을 챙겨가고, 학원 강사가 조금만 부족해 보여도 학원비가 아깝다며 지체 없이 다른 학원으로 옮겨가서 학원 강사를 쩔쩔 매게 하는 경우도 있습니다. 특히 학원 강사들은 학교 성적을 올리느냐, 올리지 못하느냐로 평가를 받기 때문에 거의 주입식으로 학과 공부를 시키는 것이 사실입니다. 그러다 보니까 학원 강사와 아이들과의 관계는 부모를 매개로 지식을 팔고 사는 것이 주된 관계로 놓여 있는 것이 현실입니다. 이것은 학원 강사의 존재 이유와 맞물려 있는 것이 사실입니다.

그런데 또한 이처럼 부모의 의해서 강제로 학원에 떠밀려서 오는 아이들이 많은 것도 현실입니다. 그들 중에는 정말 공부의 필요성을 전혀 느끼지 못하는 아이들이 많습니다. 단지 부모님이 학원에 가라니까 학원에 오고, 학원 선생님이 부모님께 전화하니까 마지못해 문제 풀이를 하는 경우가 많습니다.

그런데 분명한 것은 말을 물가까지 끌고 갈 수는 있어도 물 먹기 싫다는 말한테 억지로 물을 먹일 수는 없습니다. 아이를 학원에 보내고, 부모님과 학원 선생님 사이에 전화 통화로 아이에게 문제 풀이를 시킬 수는 있어도, 그것이 바로 아이에게 꼭 필요한 공부가 되는 것은 아닙니다.

이럴 때 우리 부모님들이 한번쯤 생각해 보셨으면 하는 것이 있습니다.

나는 과연 부모님이 하라는 대로 했나?

나도 못한 것을 자식은 해 줄 거라고 기대하는 것이 좀 문제가 있는 것은 아닌가?

참으로 자식 하나 올바로 키우기가 까다로운 상전 여러 명 모시기보다 더 어렵다는 말을 실감해야 하는 순간입니다.

(5) 고령화 시대를 맞아 어떻게 대처해야 하는가?

우리 사회가 점차로 고령화 사회로 되면서 많은 문제를 일으키고 있습니다. 우리 사회가 앞으로 더욱 고령화 사회로 진행되면서 생길 수 있는 문제점을 구체적으로 2가지 이상 짚어보고 그에 대한 해결방안을 제시해 보시기 바랍니다.

이 문제 역시 현 시점에서 우리 부모가 절실하게 생각해 보아야 할 문제입니다. 이 문제는 사실적으로 아이들에게는 먼 미래의 일일 수 있지만, 우리 부모에게는 당장 눈앞에 닥친 현실이고 심각한 일이기 때문입니다.

예전에는 자식을 키우면 그 자식이 부모를 모시는 것이 당연한 것처럼 여겨졌습니다. 특히 장남은 반드시 부모를 모셔야 한다는 인식이 있어서 부모님들도 장남에게 온갖 정성을 기울였습니다. 그래서 장남 하나만 잘 키워놓아도 노후 대책은 문제가 없었습니다.

그러나 요즘은 오히려 자식은 없는 것이 노후 대책으로 더 좋은 경우도 나타나고 있습니다. 호적에 자식이라도 없으면 정부 보조금이라도 탈 수 있는데, 호적에는 버젓이 올라가 있는 자식이 내버려 두고 떠난 부모는 그나마 쥐꼬리만 한 정부 보조금마저 탈 수 없는 입장입니다. 그래서 남들보다 더 큰 고통을 겪는 버림받은 부모의 이야기가 가슴을 아프게 합니다.

이런 이야기들이 더욱 가슴 아픈 것은 이것이 결코 남의 이야기가 아니라 조만간 나의 이야기로 다가올 수 있다는 것입니다.

말 그대로 하나밖에 없는 자식 비싼 사교육비 들여가며 애지중지 키웠는데 이 자식이 훌쩍 내 곁을 떠난다면 바로 그 모습이 영락없는 나의 처지가 되는 것이기 때문입니다.

물론 자식이 못 돼서 부모를 버리고 떠나는 경우도 있지만, 현실적으로는 자식이 잘 돼서 어쩔 수 없는 경우가 많기 때문입니다. 공부를 잘한 자식이 자신의 신분에 맞는 직장을 구하면 어쩔 수 없이 외국이나 객지로 옮겨갈 수밖에 없는 시대라 어차피 자식은 품안에 있을 때만 자식이라는 말이 더욱 현실적으로 다가옵니다.

"저는 노령화 사회가 될수록 노인들이 일자리가 없어지고, 경제력도 없어지는데, 몸에 잦은 병이 드는 것이 가장 큰 문제라고 봅니다."

"그럼, 그 대책을 어떻게 세워야 할까?"

"사회적으로 노인들이 할 수 있는 일자리를 마련해 준다거나 각종 복지정책으로 노인들을 잘 모셔야 한다고 생각합니다."

이 문제를 접했을 때 대개 많은 학생들이 배운 대로 이런 원론적인 이야기를 합니다. 물론 틀린 말은 아니지만 뭔가 현실감이 떨어지는 것이 사실입니다. 그래서 아이들에게 이렇게 물어보는 것은 당연한 일입니다.

"그것은 어쩌면 너무나 당연한 이야기잖아. 그것을 현실적으로 실현하기 위해서는 구체적으로 어떤 방안이 있어야 할까?"

"………?"

그러면 거의 모든 아이들은 그만 꿀 먹은 벙어리가 되고 있습니다.

여러분 자녀분이 이 문제를 들고 와서 어떻게 했으면 좋겠냐고 물어보면 여러분은 과연 어떻게 대답을 할 것인지 생각해 보아야 하지 않을까요?

아니, 그전에 이것이 단순히 아이들의 시험문제만이 아니라 당장 우리에게 닥친 문제라는 것을 알고 어떤 대책을 마련해야 하지 않을까요?

(6) 어떻게 노인들을 문제해결의 주체로 세울 것인가?

"저는 노인들도 먼저 생각을 바꿔야 한다고 생각합니다."

"어떻게?"

"예전에는 자식이 부모를 모시기가 좋았지만, 요즘은 직장 때문에 모시고 싶어도 잘 모실 수가 없잖아요. 그러니까 노인들도 먼저 자식에게 받으려고만 할 것이 아니라 자식한테 맞춰 주려고도 해야 한다는 거지요."

"구체적으로 어떻게?"

"괜히 집안에서 어른 위세만 부리려고 하면 며느리나 아이들이 싫어하잖아요. 며느리나 아이들이 불편해 하지 않도록 서로 배려하는 마음도 가져야 한다는 거지요."

"너는 이 다음에 그럴 수 있다는 거잖아. 그렇다면 다른 사람들도 너처럼 마음을 먹게 해서 고령화 시대에 노인 문제가 사회 문제가 되지 않도록 하기 위해서는 어떻게 해야 할까?"

"………?"

여러분이라면 어떻게 하시겠습니까? 이 학생도 노인들의 문제로 봤을 때는 쉽게 대답을 했지만, 막상 그것을 미래의 자신의 문제로 놓고 보려니까 말문이 막혔습니다. 남의 이야기는 쉬워도 내 이야기는 어려운 이유가 여기에 있습니다.

따라서 백 마디 말보다 막상 자신이 노인이 되었을 때 어떻게 할 것인가를 생각해 보는 것이 가장 현명한 방법일 것입니다. 내가 노인이 되었을 때, 어떻게 고령화 시대에 대처할 것인가에 대한 구체적인 방법을 스스로 터득하는 것이 가장 좋은 방법입니다.

물론 사회적으로 노인들도 일을 할 수 있는 분위기를 만들어 주던가, 또는 노인들이 큰 힘을 들이지 않고 일할 수 있는 일자리를 만들어 주는 것도 중요하지만, 더욱 중요한 것은 노인들 스스로의 마음가짐일 것입니다. 언제까지나 사회적 약자로 보호 받아야 할 대상으로 남아 있을 수가 없는 것이 현실이기 때문입니다.

그렇다면 정말로 어떻게 해야 할까요?

저는 이 문제를 해결하기 위해서 가장 먼저 이루어져야 할 것은 바로 이 문제를 심각하게 인식하고 이를 개선하겠다는 인식을 갖는 것입니다. 그리고 그 다음에 필요한 것은 바로 교육을 통해서 전 국민들이 이러한 인식을 갖고 해결책을 찾을 수 있는 자리를 자꾸만 마련해 나가야 한다고 봅니다. 이런 문제는 아이들만이 아니라 어른들 스스로 자꾸만 해결책을 찾을 수 있도록 사회적인 분위기를 확산시켜야 합니다.

고령화 시대에는 노인들이 주체입니다. 따라서 가장 좋은 방법은 주체인 노인들 스스로 문제 해결에 적극적으로 임해야 합니다. 그러기 위해서 조만간 고령화 시대의 주체가 될 우리 부모가 이런 문제에 대해서 먼저 심각하게 생각해 보아야 하지 않을까요?

(7) 진정으로 자식을 통해서 얻으려고 하는 것이 무엇인가?

그 연장선상에서 우리는 진정으로 자식을 통해서 얻으려고 하는 것이 무엇인가에 대해서 생각해야 합니다. 그냥 본능적으로 자식을 키우는 것이 아니라 좀 더 거시적으로, 어떻게 하는 것이 진정으로 자식이나 부모를 위해서 필요한 것인지 생각해야 합니다.

지금 내가 고생해 가면서 자식을 잘 키우려고 하는 본래 목적은 무엇인가?

자식이 공부를 잘했을 때 내가 얻으려고 하는 것이 무엇인가?

자식이 내 마음대로 커주었을 때 그것을 통해서 내가 얻으려고 하는 것이 무엇인가?

"내가 나중에 네 덕 보려고 이러는 줄 알아? 다 너를 위해서야. 그러니까 열심히 공부나 해. 알았어?"

"난 늙어서 절대로 너한테 모셔 달라고 하지 않을 거야? 그러니까 네 앞가림이나 확실히 해. 알았어?"

실제로 학원에서 말썽을 피우는 아이들의 부모님들은 거의 이런 식으로 말을 합니다. 차라리 터놓고 "나중에 네 덕 좀 보려고 하니까 열심히 공부해서 나중에 잘 되거든 나 좀 호강시켜 달라."고 하는 부모님의 자식들은 그래도 나은 편입니다. 적어도 부모님이 솔직한 만큼 자신들도 솔직하게 자신들의 이야기를 하기 때문입니다.

그런데 아이들 앞에서 "절대로 네 덕을 보지 않을 거야."라고 확언까지 해가며 아이를 학원으로 내모는 부모님들을 볼 때는 안타까운 생각이 듭니다.

"이 집은 엄마 아빠 거예요."

"지금도 귀찮은데 나중에 어떻게 함께 살아요. 용돈이나 많이 드리면 되죠 뭐."

실제로 이렇게 말하는 아이들을 볼 때 그것이 꼭 그들만이 잘못은 아니라는 생각이 듭니다.

부모가 자식의 인생을 살아 줄 수 없듯이 자식이 부모의 인생을 대신 살아 줄 수는 없습니다. 그러나 분명한 것은 자식은 부모를 통해서 배운 그대로 부모에게 되돌려 준다는 것입니다. 그래서 다시 한 번 진정으로 자식을 통해서 얻으려고 하는 것이 무엇인가에 대한 고민을 해봐야 하는 것입니다. 고령화 시대의 주체로 살아남기 위해서도 이 문제는 반드시 짚고 넘어가야 할 문제입니다.

(8) 왜 품 안의 자식인가?

결혼을 앞 둔 사람이 있었습니다. 집안 형편상 당장 결혼이 어렵다고 했습니다. 그런데 동갑내기 남자 친구는 하루라도 빨리 결혼을 하고 싶어 난리라고 합니다.

남자 친구는 학사 장교로 군복무 중인 장교라고 했습니다. 그 사람이 어느 날 남자 친구의 어머니를 만나고 와서 친구에게 이런 말을 하는 소리를 듣게 되었습니다.

"글쎄, 시어머니 될 사람이 어떻게 그럴 수가 있어?"

"왜?"

"글쎄, 나보고 자기 아들 좀 말려 달라는 거야. 자기는 하나밖에 없는 아들 장가 보낼 때 남들이 받는 예물은 다 받고 싶다는 거지. 그러면서 나보고 아직 젊으니까 좀 더 돈을 벌면서 천천히 결혼해도 늦지 않겠냐는 거야. 결혼은 자기 아들이 먼저 하자고 조른 것인데, 어떻게 자기 아들 앞에서 그런 말을 할 수 있어? 그 순간에 돈 없는 집안에 태어난 것이 얼마나 비참해지던지……."

"남자 친구는 뭐라고 하는데?"

"걱정하지 말래. 자기하고 결혼하는 것이지, 자기 어머니하고 결혼하는 것이 아니니까 자기한테 모든 것을 맡겨 두래."

"어떻게 하겠다는 건데?"

"지금까지 자기는 엄마가 하라는 대로 다 했지만, 앞으로는 자기 인생을 살 거래. 언제까지 엄마 간섭을 받으며 살 수 없다는 거야. 자기가 결혼을 빨리 하고 싶어 하는 것도 다 엄마 간섭에서 하루라도 빨리 벗어나고 싶어서 그러는 거래."

"그 사람 외아들이라고 했잖아? 그런데 부모님 안 모시겠다는 거야?"

"그래, 지금까지는 부모님 말씀대로 살아왔지만, 결혼을 하면 자기 인생을 살 거래. 그래서 자기는 결코 부모님을 모실 일이 없으니까 안심하고 자기만 믿으라는 거야."

"그 말 믿을 수 있을까?"

"그러니 내가 어쩌면 좋겠니? 괜히 내 신세만 처량해지는 거잖아."

"그 사람한테 결혼한 후에 어떠한 경우라도 부모님을 모시지 않겠다는 각서를 받으면 어떨까?"

"………."

정말이지 누구를 탓할 노릇이 아닙니다. 나중에 이 사람도 결혼을 해서 아이를 낳으면, 자기 자식이 전부인 줄 아는 어머니가 될 것이고, 또 그 자식이 자라면 시어머니가 될 것이기 때문입니다.

우리는 더 이상 품 안의 자식이라는 말을 그냥 흘려 버릴 수 없습니다. 어떻게든지 자식을 감싸고, 자식을 잘 키우려는 것이 혹시 나중에 자식에게 의지하려는 것 때문은 아닌가 심각하게 생각해 봐야 합니다. 만약 노후에 자식에게 의지하기 위해서 그렇게 자식에게 집착하고 있는 거라면 지금이라도 얼른 생각을 바꿔야 합니다. 어려서부터 부모에게 간섭을 많이 받은 자식일수록 나중에 부모에게 더욱 멀리 떨어지려고 하기 마련입니다. 자식이 어리다고 경제권을 쥔 부모가 자식을 마음대로 한다면, 나중에 커서 경제권을 쥐게 된 자식도 늙은 부모를 자기 마음대로 하게 됩니다. 나중에 자식에게 모든 경제권을 물려준 부모가 노후에 자식에게 버림을 받는 이유가 여기에 있습니다. 그렇게 되면 자식에게 많은 것을 기대며 애지중지했던 부모일수록 더욱 마찰이 커질 수밖에 없게 되는 것입니다. 부모의 기대가 큰 만큼 자식의 배신도 더욱 커집니다.

결국 우리는 아무리 애지중지 키운 자식이라도 결코 나 자신이 될 수 없음을 먼저 인식해야 합니다. 자식에게는 자식의 인생이 있습니다. 따라서 우리는 내가 아무리 애지중지 키운 아들이라도 결국 나중에는 시부모 모시기 싫어하는 여자를 아내로 얻어야 한다는 것을 알아야 합니다. 내가 아무리 금지옥엽 키운 딸이라도 결국 나중에는 남편 따라 자신들만의 가정을 꾸려야 한다는 것을 알아야 합니다.

그래서 자식을 홀로 세운다는 것은 사실 우리 부모가 먼저 홀로 설 수 있어야 한다는 것을 뜻하기도 합니다. 내가 아무리 잘 키운 자식이라도 내가 집착하면 집착할수록 자식에게는 부담이 되고 짐이 될 수 있습니다. 괜히 노후에 자식에게 무거운 부담과 짐으로 남지 않기 위해서라도 지금부터 자식은 자식이고, 나는 나라는 계산을 먼저 확실하게 해야 합니다. 오히려 그것이 자식을 잘되게 하는 길이고, 오히려 그것이 나중에 자식으로 하여금 부모를 더욱 존경하게 하는 길이라는 것을 먼저 확실하게 알아야 합니다.

품 안의 자식이라고 해서 내 마음대로 할 것이 아니라 진정으로 자식을 홀로 세우기 위해 노력해야 하는 이유가 여기에 있는 것입니다.

2) 자식이 원하는 것을 해 주자

청바지 입고 싶어 할 때
깨끗한 정장 입혀 주고
자장면 먹고 싶어 할 때
맛있는 돼지 갈비 사 주고
만화책 사고 싶어 할 때
교양 서적 사 주고
한참 재미있게 텔레비전 시청할 때
공부하라고 잔소리한다면
이것은 진정으로
자식을 위하는 일이 아니라
자식을 해치는 일이다.

(1) 학원은 왜 보내고, 대화는 왜 해야 하는가?

부유한 집안에 태어난 중학교 2학년 학생이 있습니다. 아들이 하나뿐인 부모는 이 아이에게 온갖 정성을 다 들였습니다. 초등학교 때부터 원어민 영어 학원에서 개최하는 캐나다 어학연수도 다녀왔고, 어려서부터 견문을 넓혀야 한다는 부모 덕분에 해마다 해외여행을 다녀왔습니다. 그래서 어린 나이에 중국, 일본은 물론이고, 미국, 유럽까지 두루 여행한 것을 자랑으로 여기는 학생입니다.

그 학생이 어느 날 수업시간에 전화를 받더니 신경질적으로 말했습니다.

"에이, 괜히 사람 귀찮게 굴고 난리야."

수업시간에 전화를 받은 것도 문제지만, 그냥 입에서 나오는 대로 말을 함부로 하는 것이 더 큰 문제였습니다. 그래도 이제 학원에 나온 지 얼마 되지 않으니까 있을 수 있는 일이라 생각하고, 오히려 조심스럽게 물어보았습니다.

"왜 그러는 건데?"

"엄마가 오늘 외식한다고 나오라잖아요."

"지금?"

"아뇨, 수업 끝나고요."

"그럼, 좋은 거잖아. 부모님하고 외식하는 거 좋지 않아?"

"좋긴 뭐가 좋아요. 다 지들 마음대론데……."

"너, 말버릇이 그게 뭐냐?"

"그럼, 어떻게 해요? 싫은 걸."

"부모님하고 외식하는 게 왜 싫은데?"

"내가 어릴 때는 할머니한테 맡기고, 지네들끼리만 갔거든요. 그때는 가고 싶어 해도 안 데려가더니, 지금은 싫다는 데도 꼭 따라오라는 거예요. 대화를 해야 한다고……."

"그럼, 좋은 거잖아? 부모님은 다 너를 위해서 대화할 자리를 마련하는 거잖아?"

"그게 무슨 대화하는 자리예요. 잔소리하는 자리지. 전 정말 싫어요, 차라리 안 먹고 말지."

이런 이야기는 꾸며내기도 힘든 이야기입니다. 남부러울 것이 없이 부유한 집에 태어나서 또래 친구들뿐만 아니라 남들이 경험하지 못하는 온갖 좋은 것들을 경험하면서도 이 아이는 불만만 쌓여 갔던 것입니다.

"도대체 너는 부모님께 바라는 게 뭐니?"

"그냥, 제가 하고 싶은 대로 내버려두었으면 좋겠어요."

"네가 하고 싶은 것이 뭐라고 부모님께 달씀드려 본 적은 있어?"

"그걸 어떻게 말해요? 분명히 들어주지도 않을 텐데……."

"그래도 정 그렇게 공부하기 싫으면 먼저 뭔가 하고 싶은 것을 말씀드려 보면 되잖아. 네가 하고 싶은 게 뭔데?"

"가수요."

"그럼, 네가 먼저 가수가 되기 위해 노력하는 모습을 보여 드리면 되지 않을까?"

"그게 어디 쉽나요? 엄마 아빠가 못하게 하는데."

"가수가 얼마나 힘든지 알아? 네가 꿈꾸는 유명한 가수가 되기 위해서는 얼마나 고생을 해야 하는지 알아?"

"그건 저도 다 알아요. 하지만 제가 좋아하는 일이니까 얼마든지 견딜 수 있다고요."

"그렇다면 지금부터 네가 하고 싶은 것을 하면 되잖아?"

"엄마 아빠가 반대를 하는데 어떻게 해요? 괜히 싫다는 학원이나 가라는데……."

"내가 부모님한테 말씀드려 볼까? 너는 가수가 꿈이니까 너의 장래를 위해서 네가 하고 싶은 대로 하게 해 주는 게 훨씬 낫겠다고."

"………?"

"혹시 알아? 그러면 부모님께서 네가 하고 싶은 대로 하라고 하실지."

이때 이 아이의 반응을 보면 금방 이 아이의 심리 상태를 알 수가 있습니다. 진정으로 가수가 되고 싶고, 또 자신이 하고 싶은 것이 분명한 아이는 이때쯤이면 구원병이나 만난 것처럼 좋아하게 마련입니다. 그런데 대개 이런 아이일수록 이렇게 진지하게 이야기하면 금방 꼬리를 내리는데 문제가 있습니다. 정말로 진지하게 아이의 장래를 생각해서 부모님께 사실대로 말씀드리겠다고 하면 펄쩍 뛰는 경우가 대부분입니다. 이런 학생일수록 자기 인생과 장래에 대해 진지하게 생각해 본 적이 거의 없는 경우가 대부분입니다. 가수가 되겠다는 것도 진정으로 소질이 있어서 꼭 되겠다는 것이 아니라 어떻게든지 공부하기 싫어하는 이유를 만들기 위해 둘러댄 것에 불과한 경우가 많기 때문입니다.

이런 아이들은 무조건 학원으로 내몰기만 해서는 결코 문제가 해결되지 않습니다. 아이 스스로 공부를 해야만 하는 필요성을 느끼지 못하고 있기 때문에 아무리 쪽집게 선생님을 찾아 보내더라도 성적 향상을 바랄 수 없습니다. 또한 어쩌다가 성적 향상을 이룬다 하더라도 부모에 대한 비뚤어진 사고를 바로 잡기 전에는 반드시 그 한계가 드러나기 마련입니다.

따라서 한번쯤 우리는 생각해 볼 필요가 있습니다. 자식을 학원에 보내는 것이 진정으로 자식을 위한 일인지, 아니면 학원에라도 보내지 않으면 불안한 부모의 마음을 달래기 위한 수단인지 진지하게 고민해 봐야 합니다. 이런 아이들은 자칫 학원에 보내서 성적 좀 올려보려다가 평생 부모를 원망하는 비뚤어진 성품을 갖게 만들 위험이 있기 때문입니다.

따라서 현명한 부모라면 아이를 학원에 코내는 본래 목적이 무엇인지, 아이와 대화를 가지려는 본래 목적이 무엇인지 진지하게 생각해야 합니다. 학원에 보내서 성적을 올리는 것 자체가 목적이 아니라, 아이와 대화를 가지는 것 자체가 목적이 아니라, 그것을 통해서 내가 얻으려 하는 것이 무엇인지 찾아야 합니다.

혹시 아이의 장래를 위한다고 아이를 학원에 내몰면서 아이의 원망이나 사고 있지는 않은지, 혹시 아이의 장태를 위해서 대화의 시간을 가진다고 하면서 잔소리만 늘어놓으면서 아이에게 고리타분한 부모의 상을 심어 주지는 않는지 한번쯤 진지하게 고민해 보아야 합니다.

(2) 스스로 실패하는 것도 배울 기회를 주어야 한다

전교에서 상위권에 드는 고3 학생이 있었습니다. 2학기 수시 접수를 앞두고 어느 날 심각한 표정으로 풀이 죽어 있었습니다.

"왜 그러는데?"

"오늘 연세대 의대 마감일인데 원서도 쓰지 못했잖아요."

"왜?"

"아빠와 담임이 써봤자 100% 떨어질 게 뻔하니까 쓰지 말라고 하잖아요."

이 학생은 씩씩거리며 화를 삭이지 못했습니다. 그래서 잠시 화가 풀릴 때를 기다려야 했습니다. 한동안 멍하니 앉아 있던 아이가 그나마 마음이 풀렸는지 저를 보고 씩 웃었습니다.

"너, 내신 성적이 생각보다 나쁜 것 아냐?"

"아뇨, 내신은 최상이에요. 단지 모의고사 점수가 좀 안 나와서 그러지."

"모의고사 점수가 얼마인데?"

"400점 만점에 350점대예요."

"그러면 아빠와 담임선생님 말씀이 잘못된 것은 아니네. 연세대 의대 정도면 최소 380점은 넘어야 하잖아?"

"저도 그건 알아요. 하지만 미래는 예측할 수 없는 거잖아요. 누가 알아요? 수능 당일 컨디션이 좋아서 그 이상의 점수가 나올지."

생각해 보면 학생의 말도 일리는 있었습니다. 우선 내신 성적으로 1차에 합격만 하면, 당일날 수능 점수에 따라 얼마든지 좋은 결과가 나올 수도 있지 않느냐는 것이었습니다. 설사 수능 점수가 안 나와서 그때 떨어진다 하더라도, 아예 원서도 쓰지 못해 기회조차 갖지 못하는 것보다는 덜 억울하지 않겠냐는 것이었습니다. 그야말로 원서를 쓰기만 하면 밑져야 본전인 것인데, 왜 원서도 쓰지 못하게 해서 자신의 기를 죽이냐는 것이었습니다.

며칠 후에 학생의 아버지를 만날 기회가 있어서 조심스럽게 아이의 이야기를 해보았습니다.

"아이가 원서를 쓰고 싶다고 하는데 말리신 적이 있나요?"

"글쎄요, 전 그런 적이 없는데……."

"아이가 연세대 의대에 원서를 쓰고 싶다고 했는데 100% 떨어질 거라며 원서를 쓰지도 못하게 했다고 하던데요."

"아, 그거요? 담임선생님이 현재의 모의고사 점수로는 어림도 없다고 하더군요. 그래서 차라리 수시에 신경 쓰기보다 수능에 몰두해서 점수나 좀 더 올려보라고 했지요. 그러면 내신이 좋아서 서울대도 가능하다고 하시기에……."

"………."

사실 그 아버지의 말씀도 일리가 있었습니다. 아이가 내신 성적은 좋은데, 생각보다 모의고사 점수가 안 나오니까 섣불리 수시에 지원하면 마음이 들떠서 오히려 수능을 망칠 수가 있으니까 그때까지 수능 점수를 올리는데 최선을 다하는 것이 낫겠다고 생각한 것이었습니다. 내신 성적이 워낙 좋으니까 수능 점수만 잘 받으면 서울대도 가능하고, 또 정시 모집에서 아이가 원하는 의대에도 충분히 가능성이 있다는 생각이었습니다.

그런데 문제는 수능 점수를 자신할 수 없다는 데 있었습니다. 그래서 아이는 수시 모집에서 내신 성적으로 우선 자신이 원하는 대학과 학과에 합격만 하면 수능에서 어떻게든지 최소 등급만 맞으면 되지 않겠나 싶어서 자신의 고집을 피웠던 것인데 뜻대로 되지 않아서 속이 상했던 것입니다. 이에 반해 아버지나 담임선생님은 내신 성적은 좋으니까 걱정할 것이 없는데, 그동안 모의고사 시험 결과로 봤을 때 이 학생이 시험 막판에 괜히 수시 모집에 신경 쓰다가는 수능 시험을 더욱 망칠 위험이 있으니까 그것을 걱정했던 것입니다.

물론 제 3자의 입장에서 봤을 때도 아버지나 담임선생님의 말이 더 현실적이었습니다. 당장 저조한 모의고사 점수가 수능 점수로 이어지면 아무리 내신 성적이 좋아도 아이가 원하는 소위 일류대에는 갈 수가 없다는 것이었습니다. 그러니까 차라리 수시에 신경 쓰기보다는 수능 시험에 전념을 하는 것이 원하는 대학에 진학할 확률이 높은 선택이라는 것이었죠.

문제는 학생의 마음이었습니다. 학생은 이미 수시에 신경이 쓰여서 아버지나 담임선생님 말씀대로 수능 시험에만 전념할 수가 없었던 것입니다. 내심으로 수능 시험에 대한 불안감을 극복하고자 수시 모집에 신경을 쓴 것인데, 그야말로 아버지와 담임선생님한테 무시를 당하며 원서조차 쓰지 못했다는 것에 문제가 있었습니다. 자신이 하고 싶은 대로 그냥 해 주었으면 끝까지 자기 인생에 책임을 갖고 시험에 전념을 했을 텐데, 자기 뜻대로 하지 못한 것이 있으니까 불만을 터뜨릴 대상이 생기게 된 것입니다.

그때 '아이들에게는 스스로 실패하는 법도 배울 기회를 주어야 한다.'는 말이 정말이지 절실하게 떠올랐습니다. 어떻게든지 그 아버지에게 이 말의 뜻을 전해 주고 싶었지만, 저의 위치나 능력으로는 역부족일 수밖에 없었습니다.

막판에 아버지는 아이의 수능 성적을 올리기 위해 아이에게 영역별 족집게 과외 선생님을 붙여 주었습니다. 자신의 소신대로 수능 점수를 올리는 것이 급선무였기 때문이었습니다. 그러나 결과는 좋지 않게 끝났습니다. 그 해에 학생은 수능에서 몇 점 차이로 최저인 2등급에 미치지 못하는 점수를 받아서 재수를 하기로 했다는 소식을 듣게 되었습니다.

물론 결과적으로 봤을 때는 아버지의 선택이 옳았을지도 모릅니다. 그렇게까지 했는데 수능 점수가 안 나왔으니, 아이가 하려고 했던 대로 수시 원서 다 썼더라면 수능 점수는 더 낮아질 수 있지 않았겠냐고 할 수 있기 때문입니다.

그러나 좀 더 깊이 생각해 보면 그때 차라리 아이가 하려고 했던 대로 따라 주었다면 오히려 아이가 원하는 결과는 얻을 수도 있지 않았겠느냐는 추리도 가능해집니다. 수시에 자기가 원하는 대로 서류를 쓰기라도 했다면, 아이는 스스로 의욕을 갖고 수능에 임했을 것이기 때문입니다. 설사 자신이 원하는 대로 되지 않았다 하더라도 누구를 원망할 이유는 없었을 것이기 때문입니다. 그랬다면 막판에 족집게 과외 선생님을 붙여서 아이에게 시험에 대한 부담을 주는 것브다 오히려 그것이 아이를 위해 더 큰 효과를 얻게 해 주지 않았겠냐는 생각을 지울 수 없었습니다.

부모는 누구나 자식이 잘되기를 바랍니다. 그래서 아이에게 안 좋은 일이 생기면 누구보다 먼저 가슴 아파하기 다련입니다. 그리고 아이에게 조금이라도 안 좋은 일이 생기면 얼른 그것을 없애 주려고 나서기 십상입니다. 그러나 분명한 것은 세상은 살면서 누구나 항상 좋은 일만 겪으며 살 수 없다는 것입니다. 때로는 안 좋은 일도 겪어야 하고, 좌절도 하고, 실패도 하기 마련입니다.

따라서 내 자식이 안 좋은 일과 좌절과 실패를 딛고 스스로 일어서게 만들기 위해서는 먼저 아이 스스로 실패하는 법도 배울 기회를 주어야 합니다. 부모 입장에서 아이가 좀 무모한 일을 하려고 한다 하더라도 아이가 도움을 청할 때까지는 곁에서 지켜보는 연습도 필요합니다. 아이가 생명에 지장이 있을 정도의 위험한 일을 하지 않는다면, 적어도 아이가 스스로 실패하는 법을 배울 기회를 주기 위해서라도, 자기가 하고 싶은 대로 해볼 수 있도록 지켜보는 여유를 가져 보도록 해야 할 것입니다.

(3) 원하는 대로 해 주지 않으면 다른 곳에 불만을 터뜨린다

우스갯소리에 이런 이야기가 있습니다.

시골에 사는 조카 두 아이가 방학을 맞아 서울에서 번듯한 직장에 다니는 삼촌집에 일주일간 머물게 되었습니다. 자상한 삼촌은 조카들에게 일주일 동안 무엇이든지 잘해 주려고 세심한 배려를 했습니다. 그래서 조카들을 데리고 여기저기 구경시켜 주면서 매번 고급 음식점으로 데려가서 값비싼 음식도 사 주었습니다.

"애들아, 배고프지? 뭐 먹고 싶니?"

"응, 자장면."

"삼촌 나도 자장면 사줘."

"야, 여기까지 와서 자장면을 찾고 있냐? 삼촌이 더 맛있는 것 사줄게."

삼촌은 매번 이런 식으로 조카들을 고깃집에 데려가서 갈비도 사

주고, 양식집에 데려가서 돈까스도 사 주고 고급 뷔페식당에 데려가서 마음껏 먹고 싶은 대로 먹게도 해 주었습니다. 그때마다 삼촌은 조카들을 위해서 뭔가 해 주었다는 마음에 뿌듯해 하면서 주머니가 축나는 것을 아까워하지 않았습니다.

그렇게 일주일이 지나서 조카들이 시골로 내려갈 때가 되었습니다. 삼촌은 그동안 조카들한테 해 준 것이 많아서 뭔가 듣기 좋은 소리를 들으려고 조카들을 보고 이렇게 물어보았습니다.

"그동안 재미있었지? 뭐가 제일 좋았어?"

당연히 조카들 입에서 좋은 말들이 나올 줄 알았는데, 조카들은 오히려 볼멘소리를 했습니다.

"삼촌은 참 치사해!"

"그게 무슨 소리야? 삼촌이 뭘 잘못했는데?"

"우리가 먹고 싶다는 것 한 번도 안 사줬잖아!"

"그게 뭔데?"

"자장면!"

"맞아, 나도 서울에서 자장면 먹고 싶었는데, 삼촌은 맨날 이상한 것만 사줬잖아!"

"………."

그동안 삼촌이 조카들에게 사 준 모든 음식이 물거품이 되는 순간이었습니다. 갈비를 사 주고 돈까스를 사 주고, 뷔페식당에 데려가면서 뿌듯해 했던 것은 삼촌의 마음뿐이었습니다. 아이들은 매번 자신들이 먹고 싶어 했던 자장면을 사 주지 않는 삼촌이 원망스러울 뿐이었습니다.

이 이야기를 듣고 그냥 우스갯소리로 넘기기에는 좀 그렇습니다.

우리 주변에는 이런 일이 다반사로 벌어지고 있기 때문입니다. 특히 부모의 입장에서 자식에게 무엇인가를 해주었을 때 이런 일이 많이 벌어지고 있습니다.

"너, 입고 싶은 옷을 골라 봐."

"엄마, 이 옷 어때?"

"야, 바닥에 질질 끌리는 바지를 왜 입어?"

"그래도 요즘 이게 아이들한테 인기 짱이란 말야!"

"어쨌든 그건 불량학생 같잖아! 그건 안 되니까 다른 것 골라 봐."

"그럼, 엄마 이 옷은 어때?"

"야, 그건 좀 어두워 보이지 않냐? 사람이 잘살려면 환한 옷을 입어야 한다고 했어. 그러니까 이왕이면 환한 옷 중에 골라 봐."

"그럼, 엄마 마음대로 해."

"야, 이 옷은 어떠냐? 예쁘지? 색상도 환하고, 가격도 비싸고, 뭔가 좀 귀해 보이지 않니?"

"그건 너무 튀잖아! 그걸 어떻게 입어?"

"튀면 좋은 거잖아. 다 너를 위한 거니까 입어 봐."

"………."

우리는 주변에서 이런 이야기를 많이 접하고 있습니다. 어쩌면 나 자신이 바로 이 이야기 속의 주인공일 수도 있습니다. 그런데 한번쯤 생각해 보면 무엇을 잘못했는가를 알아차릴 수 있습니다. 정말이지 한

번쯤은 객관적인 입장에서 따져볼 필요가 있는 이야기입니다.

이럴 때 어머니의 말대로 아이가 옷을 입고 다닌다면 누가 누구에게 해 준 것이 더 많은 것일까요? 물론 자식을 사랑해서 누구보다 예쁘고 비싼 옷을 사 준 부모의 마음을 깎아 내릴 수 없을 것입니다. 그러나 이 상황을 놓고 보면 부모가 아이의 말을 들어주기보다 아이가 부모의 말을 들어주고 있는 상황입니다. 즉 부모는 아이에게 옷이라는 물질을 사 주고 있지만, 아이는 부모가 옷을 사 주며 누리는 부모의 마음을 받아 주고 있는 것입니다. 부모가 옷을 사 주는 마음을 아이가 받아들이면 다행이지만, 이 경우에 아이는 자신이 원하는 옷을 얻지 못했기 때문에 어머니가 사 주는 비싼 옷을 받으면서도 불만이 쌓일 수 있습니다.

삼촌이 자기 생각에 맞춰 아무리 좋은 음식을 사 주었어도 조카들이 원하는 자장면 하나 사 주지 않아서 원망을 사는 것과 마찬가지입니다. 요즘 아이들이 옛날에 비해서 물질적으로 풍부한 환경 속에서 살면서 오히려 욕구불만이 쌓여 가는 이유가 바로 여기에 있습니다.

아무리 좋은 것이라도 아이가 원하는 대로 해 주지 않는 것이라면 문제가 있다는 것을 우리는 먼저 인식해야 합니다. 자칫 이런 부분을 소홀히 했다가는 남들보다 더 좋은 것을 해 주고도 막상 아이한테는 하나도 받은 것이 없다는 불만을 듣게 될 것이기 때문입니다.

(4) 내 취향을 강요하면 자식은 받은 것이 없어진다

"엄마 아빠도 저한테 공부 좀 하라고 잔소리 좀 해 주세요. 다른 애들은 엄마 아빠한테 잔소리 듣는 것이 제일 싫다고 하지만, 저는 엄마 아빠가 저한테 공부하라는 잔소리를 하지 않는 것이 불만이에요. 왜냐하면 전 아직 어리기 때문에 무엇이든지 저 혼자 할 수가 없잖아요. 엄마 아빠가 공부 좀 하라고 잔소리를 하면 자극을 받아 숙제도 더 열심히 할 텐데, 아예 관심이 없으니까 숙제도 할 맛이 안 나는 거예요. 그러니까 엄마 아빠도 제발 저한테 공부 좀 하라고 잔소리 좀 해 주세요."

중학교 2학년 학생 30여 명을 상대로 논술 강의를 한 적이 있었습니다. 글쓰기에 자신감을 심어 주고자 처음에는 비교적 간단한 주제를 갖고 글을 쓰게 하려고, 부모님께 하고 싶은 말을 편지글 형식으로 쓰게 했던 적이 있었습니다.

그때 유독 눈에 들어오는 글 중에 이런 내용이 있었습니다. 많은 학생들이 제발 공부하라고 잔소리 좀 하지 말라는 내용의 글을 쓴 반면에 이런 식으로 공부하라고 잔소리 좀 해 달라는 내용도 서너 개가 눈에 띄었습니다.

그때 잘 된 글을 중심으로 공개적으로 밝히는 자리가 있었는데, 이 글을 쓴 아이는 굳이 자신의 이름이 밝혀지는 것을 두려워했습니다. 괜히 아이들이 자신을 따돌리기라도 할까 봐 걱정을 했던 것입니다. 그래서 이 아이의 이름을 밝히지 않은 채 글을 공개했더니 당장 난리가 났습니다.

"세상에 공부하라고 잔소리 좀 해 달라는 학생이 어디 있어요? 그거 선생님이 우리 보라고 일부러 지어낸 거죠? 그렇지 않으면 왜 글을 쓴 사람의 이름이 없어요?"

"그 학생이 자신의 이름이 밝혀지는 걸 싫어했기 때문이지."

"왜요?"

"괜히 친구들이 왕따를 시킬까 봐 그러겠지?"

"그런 애가 있다면 당연히 왕따감이죠. 세상에 그런 애가 어디 있어요?"

그때 이 글을 쓴 학생의 요구대로 이름을 공개하지 않은 것은 정말이지 여간 다행히 아니었습니다. 만약에 이름을 공개했다면 그야말로 왕따를 당하고도 남을 분위기였기 때문입니다. 그 학생은 수업시간 내내 고개를 파묻고 아무 말도 하지 않고 있었습니다.

나중에 그 학생의 어머니와 전화 통화를 할 일이 있어서 조심스럽게 그동안 있었던 이야기를 해드렸습니다.

"아이가 부모님께 공부 좀 하라는 잔소티 좀 듣고 싶다는데요? 이를 어쩌죠?"

"어머, 그래요? 저는 제가 어릴 때 하도 잔소리를 듣고 자라서 제 아이한테만은 그러고 싶지 않았던 건데."

"물론 저도 아이한테는 부모님이 너를 너무 사랑하기 때문에 그럴 거라고 말했습니다. 아이도 부모님이 자신을 사랑해 주는 것은 알겠다고 하더군요. 단지 부모님께서 지금까지 한 번도 공부하라고 한 적이 없으니까 그게 좀 섭섭하다는 거예요."

"제가 평소에 공부하라고 하지 않은 것이 아이한테는 관심 없는 것으로 비쳤나 보네요."

어머니는 자신이 어릴 때 하도 공부 때문에 스트레스를 받아서 아이한테는 스트레스를 주기가 싫었다는 것입니다. 또 그동안 아이가 공부를 아주 잘하는 것도 아니지만, 아주 못하는 것도 아니어서 굳이 공부하라고 잔소리할 필요성도 느끼지 못했다는 것입니다. 그런데 아이가 속으로 그런 불만을 갖고 있다는 것을 알고 나니 놀랍다고 했습니다.

이런 경우를 볼 때마다 참으로 자식 교육만큼 힘든 일이 없다는 것을 느끼고는 합니다. 공부하라고 해도 불만인 자식이 있고, 공부하라고 하지 않아도 불만인 자식이 있으니, 정말이지 어디에 장단을 맞춰야 할지 모르겠다는 생각이 들기 때문입니다.

중요한 것은 공부하라는 잔소리가 아니라 그 소리를 어느 아이한테 써먹느냐는 것이겠지요. 공부 때문에 스트레스를 받는 아이에게 공부하라는 잔소리는 분명히 나쁜 소리겠지만, 부모님한테 공부로 관심 좀 받고 싶은 아이에게는 그것만큼 좋은 소리도 없을 것이기 때문입니다.

이런 경우를 볼 때 자식 교육은 결코 부모의 방식만 고집해서는 안 된다는 것을 절실하게 느낍니다. 어떤 부모는 자식을 위해 자식한테 공부로 스트레스 주지 않으려고 그냥 놔두었더니 오히려 자식한테 관심이 없다는 소리를 들어야 하고, 어떤 부모는 자식을 위해 공부 좀 시키려고 관심을 가졌더니 오히려 자식한테 스트레스나 준다는 소리를 들어야 합니다.

결국 중요한 것은 지금 자식이 나에게 무엇을 원하고 있는가를 알아차리는 것입니다. 자식이 부모의 노력을 지나친 관심이나 잔소리로 받아들여 스트레스를 받을 정도라면 얼른 그에 대한 대책을 세워야 하고, 자식이 부모의 말없이 지켜보는 것을 지나친 무관심으로 받아들여 애정결핍을 느낄 정도라면 얼른 그에 대한 대책 또한 세워야 합니다.

그리고 무엇보다 먼저 우리는 내가 옳다는 것을 무조건 자식에게 강요해서는 안 된다는 사실을 염두에 두어야 합니다. 내가 아무리 자식을 위해서 가장 좋은 것을 준다 하더라도 자식이 그대로 받아들이지 않는다면 이미 그것이 자식을 하치는 것일 수 있다는 사실을 알아야 합니다. 내가 생각하는 것이 아무리 옳다고 하더라도 자식이 올바르게 받아들이지 않는다면 얼른 그 방법을 바꿔야 한다는 것을 알아야 합니다. 몸에 좋은 약이라도 체질이 맞지 않은 사람에게는 독이 될 수 있듯이, 주변 사람들이 아무리 좋은 것이라고 하더라도 내 자식이 올바르게 받아들이지 않는다면 그것은 내 자식과 맞지 않는 것이 있다는 것을 알아야 합니다.

아무리 좋은 것이라도 자식이 받아들이지 않는데, 그것을 무조건 강요한다면 그것은 결코 자식을 위한 것이 아니라 부모가 누려보지 못한 것을 자식을 통해 대리만족을 느끼려는 독특한 부모의 취향이라는 것을 알아야 합니다. 부모의 취향이 자식의 취향에도 맞을 수는 없습니다. 그렇다면 세상에 자식 문제로 고민하는 부모는 없을 것이기 때문입니다.

따라서 우리는 자식에게 무엇을 해 줄 때는 반드시 자식이 원하는 것이 무엇인가를 알아야 합니다. 진정으로 자식이 원하는 것을 해 준다면 100원짜리로도 만족을 주고, 또 자식도 부모가 원하는 것을 해 드리며 올바르게 자라기 마련입니다. 그러나 자식이 원하는 것이 무엇인지 알려고 하지도 않고 그저 부모의 취향대로 해 준다면, 그것이 아무리 비싸고 좋은 것이라도 자식은 만족을 느낄 날이 없을 것이고, 또 자식도 그것을 그대로 부모에게 되돌려 주게 되어서 부모도 자식을 키우며 결코 만족할 날이 없게 되는 것입니다.

(5) 자식의 몫을 분명히 해 주는 것이 좋다

부모와 자식의 몫을 구분하지 못하는 것 중에 대표적인 것이 바로 아이들의 용돈입니다.

"새해 복 많이 받으세요."

"오냐, 새해에는 공부 열심히 하거라."

아이들에게 용돈이 가장 많이 생기는 날이 바로 설날입니다. 이때 많은 부모님들은 아이들의 씀씀이를 지도한다는 명목으로 아이들의 용돈을 자신들 마음대로 처리하고 있습니다.

"세뱃돈 이리 가져와. 엄마가 저금해 줄게."

"왜요?"

"네가 갖고 있으면 막 쓸 거잖아. 새 학기 시작되면 돈 쓸 일도 많으니까 그때 이 돈으로 써. 알았지?"

"알았어."

이 상황에서 아이들의 입장을 생각해 볼 필요가 있습니다. 세뱃돈은 분명히 아이들의 돈입니다. 그런데 그 돈을 부모가 자기 마음대로 하려고 합니다. 아이들은 자기 돈인데도 불구하고 부모의 힘에 밀려 아무 말도 못하고 있습니다. 그러는 중에 부모도 자기 돈을 마음대로 썼으니까 자신도 부모의 돈을 마음대로 쓸 수 있다는 생각을 갖게 됩니다. 단지 지금은 힘이 약하니까 부모가 하자는 대로 하지만 나중에 힘이 커지면 부모에게 배운 그대로 자기 마음대로 부모의 돈을 쓰려고 할지도 모릅니다.

"사업하게 돈 좀 주세요."

"사업하기 전에 먼저 준비를 해야 하는 거 아니냐?"

"싫으면 관둬요. 제가 알아서 할게요."

나중에 아이가 커서 이렇게 말하면 부도는 대개 아이의 말을 들어줄 수밖에 없습니다. 안 그러면 당장 집을 나가 버리니까 불안하기 때문입니다. 그러나 실제로 젊었을 때 자신이 고생하여 만든 자금으로 사업을 시작한 사람과 처음부터 부모의 돈으로 쉽게 사업을 시작한 사람의 결과는 확연하게 달라집니다.

'현명한 어부는 고기 잡는 법을 가르치지 고기를 직접 잡아 주지 않는다.'

우리가 이 말은 잘 알고 있으면서 그 뜻을 생활 속에 구체적으로 적용시키지 못하는 경우가 많습니다. 그 대표적인 것이 아이의 용돈 관리입니다. 아이가 용돈을 올바르게 쓰는 법을 가르치기 위해서는 적어도 아이가 자신의 돈을 스스로 쓸 기회를 주어야 합니다. 그런데 아이에게 용돈을 저축하는 법을 가르친다면서 부모가 아이의 용돈을 마음대로 통제를 하면 정작 아이는 자신의 용돈을 자기 마음대로 써 본 적이 없게 되는 것입니다. 그러다 보면 아이는 어릴 때부터 자신의 돈조차 자기 마음대로 써 본 적이 없기 때문에 정말로 돈 쓰는 법을 배울 기회가 없게 되는 것입니다. 부모 입장에서는 용돈을 올바르게 쓰는 법을 가르치기 위해 저축을 시켰다고 하지만, 아이 입장에서는 자기 돈으로 자기가 사고 싶은 장난감 하나 마음대로 사 보지 못했기 때문에 그 욕구불만이 그대로 내면에 쌓이게 되는 것입니다.

아이가 어릴 때 자신의 용돈 하나 마음대로 써보지 못했던 욕구불만은 나중에 그대로 폭발을 하게 마련입니다. 아무리 착하게 자란 아이라 하더라도 어른이 되면 자신도 모르게 자신의 내면 속에 무의식적으로 쌓인 욕구불만을 해소하기 위해 행동하게 됩니다. 그래서 어른이 되어서 씀씀이가 헤퍼진다거나 부모의 재산을 마치 자신의 재산으로 당연히 여기는 행동을 하게 되는 것입니다.

사업을 할 때도 자신의 능력과 자본력을 따져가며 심사숙고를 하기보다는 부모의 자본력에 기대서 쉽게 시작을 하고, 또 그만큼 쉽게 포기를 하는 경우가 생기는 것입니다. 부모 입장에서는 자식을 위해서 아무리 퍼줘도 끝이 없는 일이 됩니다.

이 이야기는 우리가 결코 우습게 여길 이야기가 아닙니다. 실제로 우리 주변에는 이런 일들이 비일비재하게 벌어지고 있습니다. 바로 이렇게 심각한 일들이 부모가 자식을 키울 때 자식을 위한다는 생각으로 어릴 때부터 아이의 몫을 마치 자신의 몫으로 생각하고 마음대로 써왔기 때문이라는 말을 우리는 결코 흘려 버릴 수 없습니다.

아이들은 어릴 때부터 부모의 행동을 그대로 따라 배우게 되어 있습니다. 자신이 어리고 힘이 없다는 이유로 자신의 용돈을 마음대로 처리하는 부모의 행동을 나중에 자신이 어른이 되고 부모로부터 좀 자유롭게 행동할 수 있게 될 무렵에 그대로 따라 하게 됩니다. 부모 입장에서는 자식을 위해서 그랬다고 할 수 있지만, 자식은 그 마음을 헤아리기 전에 그 행동을 먼저 그대로 따라 배우게 되는 것입니다. 그래서 부모가 힘이 없을 때 부모의 자산을 자기 마음대로 쓰게 됩니다.

우리는 아이가 어릴 때부터 먼저 자식의 몫을 분명하게 해 줄 필요가 있습니다. 그러기 위해서는 자식이 새해에 용돈으로 받은 세뱃돈만큼이라도 자신이 쓰고 싶은 대로 쓰게 지켜볼 필요가 있습니다. 실질적으로 몇 해 동안만 그렇게 지켜보면 아이는 자신이 누리고 싶은 것을 다 누려 보았기 때문에 스스로 자신의 용돈을 관리할 줄 아는 힘이 생기게 됩니다. 어릴 때부터 자신의 용돈을 모아 부모님께 선물도 할 줄 아는 성품을 갖게 되는 것입니다.

(6) 목숨이 걸린 위험한 일이 아니면 아이가 해 달라는 대로 해 주는 것이 부모의 역할이다

아이를 길러 본 사람이라면 알 것입니다. 아이들이 원하는 것은 결코 큰 것이 아닙니다. 부모가 마음대로 해 주면 아무리 좋은 것을 해 주어도 아이는 받은 것이 없게 되지만, 아이가 해 달라는 대로 해 주면 아무리 작은 것을 해 주어도 아이는 받은 것이 많아집니다.

관심을 갖고 아이를 키워 본 사람은 알 수 있습니다. 어쩌다 아이를 데리고 시장에 갔을 때 처음에 사 달라는 것을 사 주면 거의 그것으로 만족을 하지만, 처음에 사 달라는 것을 사 주지 않으면 그것뿐만이 아니라 다른 것을 사 달라고 계속 떼를 쓰기 시작합니다. 그러다가 결국 자기 욕심을 채우지 못하면 그 자리에서 아이는 울고, 부모는 아이를 혼내면서 서로 즐겁지 않은 외출을 마무리합니다. 부모는 아이가 떼를 써서 그랬다고 혼을 내고, 아이는 부모가 원하는 대로 해 주지 않았다고 떼를 쓰는 상황이 계속 반복됩니다.

그런데 아이가 처음에 사고 싶어 하는 것을 사 주고 나면 처음에는 그것이 좀 비싸다 싶어도 결국 마지막에 집에 돌아오면 그것이 가장 현명한 소비였다는 것을 알게 됩니다. 아이가 기뻐하는 그것 하나만으로도 소비의 가치는 충분히 얻었다고 볼 수 있기 때문입니다. 또한 실제로 그렇게 몇 번 하다 보면 아이는 그 이후부터는 부모가 원하는 것을 들어주게 되어 있습니다. 물건이 비싸다 싶으면 아이가 먼저 부모 눈치를 살펴가며 자기 수준에 맞는 것을 고르게 되고, 그 아이는 그렇게 커가면서 부모에게 큰 욕구불만 없는 반듯한 인성을 갖춘 인격체로 성장하게 되는 것입니다.

하지만 아이가 처음에 원하는 것이 좀 비싸다 싶거나 부모의 마음에 들지 않는다고 한번 거절을 하고 나면, 그 이후로는 부모가 아이에게 돈을 쓰는 소비의 본래 목적을 놓치기 십상입니다. 우선 아이의 마음속에 부모가 자신의 요구를 들어주지 않는다는 욕구불만이 쌓이게 되고, 또한 부모 스스로도 아이가 사 달라는 것을 마음껏 사 주지 않은 것에 대한 미안한 마음이 남게 됩니다. 다행히 부모가 그 마음을 알아차려 그것을 만회하고자 다른 것을 아무리 사 준다 해도 아이의 틀어진 마음은 이미 되돌릴 수 없게 됩니다. 결국 그 이후에는 부모가 어떤 물건을 사 주어도 아이에게는 소비의 본래 가치를 찾기 어렵게 되는 것이고, 게다가 부모가 끝까지 아이가 원하는 것을 사 주지 않아 돈을 아끼게 된다 하더라도 아이의 가슴에 새긴 상처를 생각하면 더 큰 손해를 보게 됩니다.

우리는 정말로 아이의 목숨이 걸린 위험한 일이 아니라면 우선 아이가 원하는 대로 해 주는 것이 부모의 역할이라는 것을 알아야 합니다. 아이가 해 달라는 것이 정말 아이에게 해가 된다고 생각한다면 먼저 그것을 내 이야기로 만들어 아이를 이해시켜야 합니다.

"엄마는 네가 그것을 하면 위험해서 걱정이 되는데 어떻게 하지?"

"그것은 너무 비싸서 지금 엄마 돈으로는 사 줄 수가 없는데 어떻게 하지?"

이런 식으로 부모가 진심으로 이야기를 하면 아이들은 거의 다 들어주게 되어 있습니다. 그런데 당장 사 주기 싫으니까 "돈이 없어서 못 사 준다."고 하거나, "너를 위해서 그것은 사 줄 수 없다."는 식으로 이야기를 한다면 아이는 이미 부모의 마음을 알아차리고 욕구불만으로 빠지게 됩니다.

그나마 그 앞에서 당당하게 부모에게 대드는 아이가 있다면 그나마 자기 주관을 갖고 사는 아이로 자랄 수가 있습니다. 그런데 그 상황에서 부모의 위세에 눌려 자신의 속마음도 그대로 표현하지 못하고 마지못해 부모 뜻에 따른 아이들은 나중에 어른이 되어서 부모의 눈치나 보거나 부모에게 똑같은 식으로 되돌려 줄 수가 있습니다. 실제로 그렇게 불만을 누르며 말없이 자란 아이들이 나중에 부모가 늙어서 힘이 없을 때 용돈을 주거나, 혹은 양로원에 부모를 맡기면서 그래도 좋은 시설을 갖춘 곳에 맡겼으니까 자식의 도리를 다 했다고 생각할 수가 있습니다.

우리는 나중에 정말로 우리가 원하는 대로 자식이 해 주기를 바라는 마음에서라도 먼저 아이를 키울 때 자식이 원하는 것을 들어 줄 수 있어야 합니다. 자식이 청바지 입고 싶어 할 때 청바지를 입게 해 주고, 자장면 먹고 싶어 할 때 자장면 사 주고, 만화책 읽고 싶어 할 때 만화책 사 주고, 텔레비전 재미있게 시청할 때 함께 즐길 줄 아는 노력을 해야 하는 이유가 바로 여기에 있습니다.

3) 선택을 강요하면 자포자기형 아이를 만든다

진정으로 누군가를 위하는 사람은
그 사람을 위해서
자기 것을 희생했다고 내세우지 않는다.
그렇기 때문에 누구나
'너를 위해서'라는 말에는
그 사람이 그것을 통해
무엇인가를 얻으려 한다는 것을 안다.
그렇기 때문에 자식에게

'너를 위해서'라는 말을 쓴다면
이미 그것은 자식을 위한 것이 아니라
그것을 통해서 자신의 욕심을 채우려는
그 무엇이 있음을 먼저 알아야 한다.
진정으로 자식을 위하는 사람은
'너를 위해서'라는 생각 이전에
진정으로 자식을 위한 부모의 일을 할 뿐이다.
오로지 자식을 키우는 부모의 일을 할 뿐이다.
오로지 부모로서 자신의 일을 할 뿐이다.

(1) 내가 원하는 것을 먼저 말하는 것이 좋다

장래 희망이 우주 항공사라는 학생이 있었습니다. 성적이 상위권인 학생이라 서울대학교 물리학과를 지원하고 싶다고 했습니다. 그래서 장래 희망이 우주 항공사인데 왜 물리학과를 택하냐고 물었던 적이 있습니다.

"현재 우리나라에는 우주 항공사가 되기 위한 길이 많지 않기 때문이에요."

"그래서 물리학과에 지원한 다음에 어떻게 하려고?"

"우선 제 실력이 좀 부족하니까 서울대 물리학과에서 좀 더 공부를 한 다음에 미국에 있는 우주 항공학과로 편입을 하려고 해요."

어떻게 보면 아이의 꿈이 구체적긴 것 같았습니다. 그러나 중요한 것은 우주 항공사가 정말로 꿈이라면 고등학교 때부터 그 분야에 두

각을 나타냈어야 하는데 평범한 인문계 고등학교에 진학해서 내신 성
적을 유지하기에 급급했다는 것입니다. 물론 현실과 동떨어진 우리나
라 교육의 문제이기도 했지만, 어쨌든 학생의 생각은 좀 현실과 거리
가 멀었습니다.

"그러면 고등학교도 과학고 쪽으로 갔어야 하는 거 아냐? 그런데
왜 인문계를 택했지?"

"그건 어머니가 내신 성적이 유리하다고 해서 그랬어요."

"어머니는 네 계획에 대해서 어떻게 생각하는데?"

"어머니는 모르실 거예요."

"왜?"

"말하면 뭐해요? 제 의견은 들어주지도 않는데."

"그러면 현실적으로 미국으로 간다는 것이 가능하기는 해? 나중에
네가 그렇게 한다면 부모님이 허락하실 것 같아? 부모님이 해외 유학
비를 대주지 않으면 힘들잖아?"

"제가 열심히 해서 장학금 받고 가면 되잖아요?"

"물론 그 방법도 있지. 하지만 그게 여간 힘든 일이 아니잖아. 이왕
이면 부모님의 허락을 받는 것이 더 현실적이잖아?"

"어쨌든 저는 이 땅을 벗어나고 싶어요. 부모님 생각만 하면 스트레
스가 쌓이기 때문에 어떻게든지 이 땅을 떠나고 싶은 거예요."

괜히 더 물어봤다가는 학생이 답답해할 것 같아 이쯤에서 그만두어
야 했습니다. 이 일이 남의 일 같지만은 않아 더 이상 어쩔 수가 없었
습니다.

얼마 후에 이 학생의 어머니를 만날 기회가 생겼을 때, 차마 아이가 부모님 때문에 스트레스를 받는다는 말을 하지 못하고, 잠시 말을 돌려서 이런 식으로 이야기를 꺼내 보았습니다.

"아드님이 나중에 우주 항공학을 배우기 위해 미국으로 유학을 가겠다는데 어떻게 생각하세요?"

"어머, 그래요? 저는 처음 듣는 소리네요.'

"나중에 아드님이 정말로 미국 유학을 가겠다고 하시면 어떻게 하실 건가요?"

"에이구, 실력이나 된다면 얼마든지 밀어 주죠. 지금 실력으로는 어림도 없으니까 문제지."

"어머님은 아드님이 장래에 뭐가 되었으면 좋겠어요?"

"저는 아이가 그냥 평범한 선생님이나 되었으면 좋겠어요."

"아드님한테도 그렇게 말씀하셨어요?"

"그야 실력만 된다면 얼마든지 밀어 준다고 했지요."

"만약에 아드님이 정말로 실력이 되어서 미국 유학을 가겠다고 하면 어떻게 하시겠어요? 또 그곳에서 직장을 얻어 주저앉는다고 하면……."

"그건 그때 가서 실력이 된다면 생각해 봐야죠."

"만약에 지금 당장 실력이 된다면 어떻게 하실 건가요?"

"전 그냥 평범한 학교 선생님이나 되었으면 하는데……."

"결국 미국 유학은 원하지 않는다는 말씀인가요?"

"글쎄요, 실력이 된다면 몰라도……. 하긴 실력이 된다 하더라도 왜 그 고생을 사서 하려고 할까?"

사실 이 어머니는 집안 형편이 넉넉지 못할 뿐만 아니라 아이가 맏아들이어서 굳이 외국으로 내보내고 싶지 않았던 것입니다. 그렇기 때문에 차라리 처음부터 아이에게 넉넉지 못한 집안 형편을 이야기하고, 아이가 집안 형편에 맞게 스스로 진학 문제에 대해서 고민하게 하는 것이 옳았을지도 모릅니다. 고등학교 진학을 할 때도 과학고에 가겠다는 아이에게 내신 성적을 핑계로 인문계 고등학교에 진학하도록 강제한 이유도 사실 넉넉지 못한 집안 형편 때문이었습니다. 아이는 마지못해 부모의 뜻에 따라 인문계로 진학을 했던 것입니다. 물론 처음에는 수석으로 합격해서 부모와 학교의 기대를 한몸에 받았습니다.

부모는 당연히 아이가 원하는 것은 마치 다 들어줄 수 있는 것처럼 하면서 오로지 공부만 열심히 하라고 했습니다. 그러나 미국으로 유학을 갈 실력만 된다면 얼마든지 보내 줄 수 있다며 큰소리를 치지만, 내심에서는 실제로 그런 일이 발생하기를 바라지 않았습니다. 집안 형편도 문제였지만, 막상 맏아들인 아이가 외국으로 떠나는 것까지는 반길 수 없었던 것입니다.

이 아이는 내신 성적이 좋아서 학교 선생님이 되기 위한 사범대학이나 교육대학은 충분히 갈 실력이 되고도 남았습니다. 그러나 상위권인 내신 성적에 비해 부모님이 원하는 서울대에 합격하기에는 수능 모의고사에서 불안한 점수를 보이기 때문에 여간 걱정을 하는 것이 아니었습니다.

"학교 선생님이 꿈이라면 굳이 서울대를 가지 않아도 되잖아요? 아드님은 지금 성적으로도 마음만 먹으면 사범대학은 어디든지 갈 수가 있으니까 걱정할 이유가 없잖아요?"

"그래도 이왕이면 서울대가 좋지 않나요?"

"물론 성적만 된다면 서울대가 좋지요. 하지만 학교 선생님 되는 것이 꿈이라면 굳이 서울대 때문에 성적으로 스트레스를 주지 않는 게 더 중요하기 때문에 드리는 말씀입니다. 아드님은 성적으로 스트레스만 받지 않으면 수능에서도 서울대에 합격할 점수를 충분히 받을 수 있는 실력을 갖고 있어요. 문제는 서울대에 꼭 붙어야 한다는 스트레스 때문에 오히려 성적이 오르지 않고 있는 거예요."

이 어머니는 한 번도 자식에게 자신의 솔직한 이야기를 한 적이 없었습니다. 아이가 공부를 잘하고, 또 부모의 말을 잘 들으니까 어떻게든지 서울대에 보내고 싶었던 것입니다. 내심으로는 서울대에 붙기만 하면 명예도 얻고, 장학금도 받기 때문에 넉넉지 못한 집안 형편에 더 이상 바랄 것이 없었던 것입니다. 그 욕심을 감추고 아이에게는 오로지 너의 장래를 위해서 그러는 거라며 서울대를 강요했습니다. 그래서 모의고사 점수가 조금만 떨어져도 그렇게 해서는 서울대에 절대로 가지 못하니까 더 열심히 해야 한다며 고3이 되자 고액 학원에도 보내기 시작한 것입니다. 학교에서도 이 아이는 내신 성적이 좋으니까 수능 점수만 잘 나오면 서울대도 충분히 붙을 수 있는데, 모의고사 성적으로 봤을 때 수능 점수가 불안하니까 학원에라도 보내려고 했던 것입니다.

그러나 정작 아이에게는 그것이 스트레스였습니다. 모의고사 시험이 끝나기가 무섭게 점수를 확인하고 닦달을 해대는 어머니와 선생님 때문에 여간 스트레스를 받는 것이 아니었습니다. 그래서 심지어 대학교만 붙으면 부모 곁을 멀리 떠나고 싶다고 했습니다. 사실 미국에 유학을 가고 싶다는 것도 우선 부모 곁을 떠나고 싶어서 가진 생각이었습니다. 지금은 부모님이 어떻게든지 서울대를 가라고 하니까 우선 물리학과에 지원하고, 그 다음에 좀 더 실력을 쌓아서 미국으로 유학을 떠나고 싶다는 것이었습니다.

이때 어머니가 차라리 좀 더 솔직했으면 어땠나 싶었습니다.

"집안 형편이 좀 어려우니 어떻게든지 네가 서울대학교에 붙어줬으면 좋겠다. 하지만 그게 힘들다면 지금 실력으로도 사범대학은 얼마든지 갈 수 있다니까 엄마는 걱정하지 않는다. 엄마는 네가 해 달라는 대로 해 줄 테니까 부담 갖지 말고 최선을 다 해라."

이런 식으로 아이의 부담감을 덜어 주었다면 아이가 모의고사 성적 때문에 받는 스트레스에서 벗어나 오히려 더 좋은 점수를 얻지 않았을까 하는 생각이 듭니다. 또 설사 그렇게 해서 성적이 나오지 않았더라도 적어도 아이가 부모 곁을 떠나고 싶다는 극한 마음을 품지 않았을 거라는 생각이 듭니다.

나중에 이 학생을 길거리에서 만난 적이 있었습니다. 그때 이 학생은 수능 점수가 원하는 만큼 나오지 않아서 최종적으로 서울대에는 떨어졌고, 서강대 물리학과에 진학했다는 말을 했습니다. 앞으로 열심히 공부를 해서 반드시 미국으로 유학을 가겠다는 말을 빠뜨리지 않았습니다. 웬만한 학생이라면 서강대 합격도 대단한 것이었지만, 이 학생은 그동안 부모와 학교의 기대를 받았기 때문인지 자격지심을 갖고 있었습니다.

그때 이 학생과 부모의 미래에 대해서 줄시 생각해 보았던 적이 있습니다. 부모의 간섭과 잔소리에서 벗어나고 싶어서라도 미국으로 유학을 가고 말겠다는 이 아이가 나중에 부모에게 어떤 존재로 다가올 것인가 상상을 해 보았던 것입니다. 과연 이 아이가 자신을 키우기 위해 애태우며 조바심 냈던 부모의 마음을 그대로 헤아려 주는 훌륭한 자식으로 다가올지 그 뒤가 궁금하기만 했습니다.

(2) 모든 것이 '다 너를 위해서다'라는 말은 반발을 불러일으킨다

한자 4급 시험을 준비하고 있는 초등학교 4학년 학생이 있었습니다. 자기 말대로 반에서 일등을 하지 못하던 엄마한테 혼이 난다는 것이었습니다. 그러면서 지난번에 4급 시험에서 떨어졌을 때 엄마한테 엄청 혼이 났다고 했습니다. 이 학생의 어머니는 이번에도 4급 시험에서 떨어지면 다른 학원으로 옮긴다고 했다는 말을 원장한테 들었기 때문에 신경이 쓰일 수밖에 없는 아이였습니다.

"선생님, 오늘은 스무 문제만 풀고 놀게 해 주세요."

"그러다가 이번에 또 떨어지면 엄마한테 혼날 거잖아?

"저는요, 혼나도 상관없어요. 어차피 지금까지 시험 끝나고 혼나지 않은 적이 거의 없어요."

"그렇다면 혼나지 않았던 적도 있다는 거네?"

"네, 작년 1학기 때 딱 한 번 전 과목에서 올백을 맞았던 적이 있거든요.”

“그때는 되게 좋았겠다.”

“네, 되게 좋기는 했어요. 그런데 올백은 그때뿐이었어요.”

“왜, 그 이후에는 열심히 하지 않았니?”

“아니요, 열심히 했죠. 하지만 이상한 데서 꼭 한 문제가 틀려요. 지난번에는 국어에서 한 문제 틀리는 바람에 혼났어요.”

“그래도 한 문제밖에 틀리지 않았으면 잘한 거잖아? 전교에서도 일이 등 하지 않았니?”

“그게 무슨 말이에요? 전교에서 올백 맞는 애들이 얼마나 많은데요. 한 문제라도 틀리면 전교 등수는 확 떨어진단 말이에요. 그러니까 엄마한테 혼나는 거죠.”

처음에는 제 귀를 의심해야 했습니다. 초등학교 때는 무엇보다 공부하는 것에 재미를 붙여야 하는데 정말이지 이것은 아니다 싶었기 때문입니다.

“선생님, 저 좀 놀게 해 주세요. 어차피 집에 가면 열한 시까지 또 공부해야 한단 말이에요.”

“그때도 한자 공부해야 하는 거니?”

“네, 어쨌든 이번에 4급 시험 떨어지면 또 혼날 거예요.”

“그럼 이번에 붙을 자신은 있는 거야?”

“그럼요, 제가 얼마나 잘하는데요.”

그래서 먼저 20문제를 뽑아 주면서 이렇게 말했습니다.

“오늘은 첫 시간이니까 테스트하는 거야. 20문제 중에 15개 이상

맞으면 나머지 시간을 놀게 해 줄게.”

“정말요?”

한자 4급 문제는 초등학교 4학년한테는 결코 쉬운 문제가 아니었습니다. 그런데 이 학생은 10분도 되지 않아서 20문제를 모두 풀었습니다. 3문제가 틀렸기 때문에 나머지 시간은 약속대로 마음대로 놀아도 된다고 했습니다. 아이가 실력이 있기에 본인이 하고 싶다는 대로 해 주기만 하면 무난히 4급 시험을 합격할 것 같아서 몇 번 더 그렇게 아이가 해 달라고 하는 대로 20문제만 풀면 나머지 시간은 놀게 해 주곤 했습니다. 그랬더니 어느 날 아이의 어머니한테 한소리가 들렸습니다. 어떻게 한 시간 동안 20문제밖에 풀지 않느냐는 것이었습니다. 20문제밖에 풀지 않으면 도대체 나머지 시간은 무엇을 하냐는 것이었습니다. 어머니도 아이가 20문제 정도는 10분 안에 푼다는 것을 잘 알고 있었기 때문입니다. 참으로 입장이 난처해졌습니다. 그래서 그 다음부터는 어쩔 수 없이 아이에게 될 수 있으면 많은 문제를 풀게 했습니다. 20문제를 10분 안에 푸는 학생이다 보니까 나머지 40분가량은 여간 지루한 것이 아니었습니다. 그래서 아이에 대해 좀 더 알기 위해 이것저것에 대해 물어보기 시작했습니다.

“집에서는 어떻게 공부하니?”

“9시부터 11시까지 숙제를 하거나 숙제가 없는 날에는 엄마가 내 준 문제를 풀어야 해요.”

“엄마는 뭐하시는데?”

“안방에서 텔레비전 봐요. 저도 텔레비전이 얼마나 보고 싶은데요.

하지만 엄마 때문에 텔레비전은 마음대로 보지도 못해요.”

“엄마가 원망스럽겠구나?”

“엄마는요, 제가 전부래요. 제가 공부 못하면 당장 죽어 버릴지도 모른대요.”

“그런 엄마가 원망스럽지 않아?”

“엄마는 저를 위해서 그런다지만 정말 미울 때가 많아요. 저는 이 다음에 결혼을 하면 엄마하고 결코 같이 살지 않을 거예요.”

“왜?”

“저는 정말이지 공도 마음대로 차고, 텔레비전도 마음대로 보고 싶고, 컴퓨터도 마음대로 하고 싶거든요. 그런데 엄마는 제가 하고 싶은 것을 마음대로 못하게 하잖아요. 정말로 저를 위한다면 제가 하고 싶다는 대로 해줘야 하는 거 아니예요?”

“………?”

“엄마는 말만 저를 위한다고 하는 것이지, 사실은 자기 하고 싶은 대로 하는 거예요. 저도 어른이 되면 엄마처럼 모든 걸 제가 하고 싶은 대로 할 거예요. 그래서 빨리 어른이 되고 싶어요. 뭐든지 제가 하고 싶은 대로 할 수 있잖아요.”

그만 더 이상 할 말이 막혔습니다. 이런 아이를 볼 때마다 학원 일에 회의가 들었기 때문입니다. 아무리 돈을 벌기 위해서 하는 일이라지만 이럴 때만큼은 저 자신이 너무 초라해 보입니다. 사실 이런 이야기는 실제 이 학생의 부모한테 어떻게든지 들려드리고 싶은 이야기지만 그 방법을 찾을 수가 없었습니다. 이런 부모일수록 학원 선생님은 학교 성적이나 올려 주면 훌륭한 선생이라고 생각하기 때문입니다. 괜히 이런 부모한테 이런 말을 잘못 꺼냈다가는 당장 무능한 선생으로 몰려 학원에 불이익을 줄까 봐 여간 걱정이 되는 것이 아니기 때문입니다.

거의 무조건적으로 자녀를 학원으로 내모는 부모는 대개 자식을 위해 투자를 한다고 생각합니다. 어떻게든지 공부를 잘하게 하려는 것도, 적지 않은 학원비를 아낌없이 쓰는 것도 다 자식의 미래를 위한 것입니다. 그러나 그것을 받아들이는 아이들은 실제로 그렇게 받아들이지 않고 있습니다. 아이들은 부모가 자신을 위해 쓰는 학원비에는 관심도 없고, 공부가 자신의 미래를 위해서 중요하다는 것은 알면서도 오히려 스트레스를 받아 지겨워하는 경우가 대부분입니다.

이 다음에 자기가 어른이 되면 결코 부모님과 함께 살 수 없다는 아이들의 말에 귀를 기울여야 할 필요가 있습니다. 부모가 자식을 위한다면 나중에라도 정말로 아이가 원하는 대로 해 줄 수 있겠냐는 것입니다. 나중에 자식이 큰 다음에 부모가 따로 떨어져 사는 것이 정말로 자신을 위해 주는 것이라고 한다면 그때는 어떻게 하겠냐는 것입니다.

이런 점에서 자식이 어릴 때야 경제력이 없으니까 "다 너의 미래를 위해서 그런다."는 말에 반항감 없이 따라준다고 하지만, 나중에 아이가 어른이 되어서 경제력을 갖추게 된다면 얼마든지 부모의 품을 떠나가는 최악의 상황을 맞을 수도 있다는 것을 염두에 두어야 한다고 생각합니다. 요즘 자식들이 부모 모시기 싫어하는 풍토가 바로 어릴 때부터 이런 식으로 교육을 받아 온 아이들의 욕구불만이 터져 나오는 것이 아니라고 할 수 없기 때문입니다.

(3) 아이의 의견을 무시하면 엉뚱한 행동이 나온다

대입에서 심층면접이 강화되고 있는 추세입니다. 심층면접은 대학 입시에서만이 아니라 나중에 취직을 하기 위한 입사 시험에서도 아주 중요한 요소로 떠올랐습니다. 그런데 사실 따지고 보면 심층면접이라는 것은 단기간에 준비할 수 있는 것이 아닙니다. 심층면접은 말 그대로 평상시의 인성을 평가하는 것입니다. 아무리 입사 시험을 위해 집중적으로 말하는 기술을 배웠다 하더라도 몇 마디 나누다 보면 결국 밑바탕이 드러나기 마련입니다.

그렇다면 여러분은 심층면접이란 무엇이라고 생각하나요?

"그거야 논리적인 말로 상대를 설득하는 게 아닌가요?"

많은 사람들이 논술은 자신의 주장을 논리적인 글로 표현하는 것이고, 심층면접은 자신의 주장을 논리적으로 말로 표현하는 것이라고 알고 있습니다. 물론 논술과 심층면접의 뜻풀이로는 이 말도 틀린 말이라고 할 수는 없습니다. 그러나 중요한 것은 논리적이라는 것이 무엇이냐는 것입니다.

수업시간마다 맨 앞자리에 앉아서 수업을 하는 동안 수도 없이 "네, 네." 하면서 수업의 맥을 끊는 학생이 있었습니다. 처음에 한두 번은 그 학생의 대답이 정말로 제 말을 이해해서 하는 소리인 줄 알았습니다. 그러나 한두 번 겪다 보니까 그 학생의 대답이 너무 공허하게 들리기 시작했습니다.

“세상에는 절대적으로 옳고 그르다고 할 수 있는 것은 거의 없다는 것을 알아야 해. 무슨 말인지 알겠니?”

“네.”

“그렇다면 거짓말은 좋은 걸까? 나쁜 걸까?”

“네.”

“지금 내가 무슨 말을 했는데 ‘네.’라고 대답한 거야? 내 말이 무슨 뜻인 줄 알겠어?”

“네.”

“그래? 그럼 무엇을 알았는데?”

“네?”

“아니, 나는 지금 그 ‘네’라는 말 대신에 구체적으로 네가 알아들은 것을 말해 보라는 거야?”

“………”

거의 모든 이야기가 이런 식이었습니다. 앞에서 열심히 이야기하면 “네, 네.”라고 대답은 하는데 막상 무엇을 알았냐고 하면 말문이 막히는 학생이었습니다. 그래서 한번은 조심스럽게 내가 무슨 말을 하든지 간에 “네.”라는 대답을 하지 말라고 했습니다. 그랬더니 이 학생은 금방 답답해하기 시작했습니다. 자신도 모르기 무의식적으로 나오는 대답을 참으려고 하니까 못 견딜 지경에 이른 것입니다.

“선생님, 막상 ‘네.’라는 말도 안 하고 가만히 있으려니까 답답해요. 어쩌면 좋죠?”

“그러면 또 ‘네.’라는 대답을 해봐. 이번에는 어떨 때 ‘네.’라는 대답을 하고 있는지 그 모습을 보면서 해보면 되잖아. 사실 너는 그동안 내가 무슨 말을 하든지 간에 무의식적으로 '네.'라는 말을 하는 바람에 내 이야기의 맥을 끊어 놓았거든. 그동안 아무리 봐도 네가 못 알아들은 것 같아서 더 설명하려고 하다가도 네가 '네.'라는 대답을 해버리는 바람에 더 이상 설명하지 못하고 넘어간 것도 많아. 그런데 가만히 보면 너는 대답을 했지만 내 말을 못 알아들은 것이 많거든."

"예를 든다면 그게 뭐였죠?"

"자, 그럼 다시 한 번 물어볼게. 거짓말이 좋은 거야, 나쁜 거야?"

"네, 그야 좋기도 하고 나쁘기도 하다고 배웠죠?"

"그럼, 구체적으로 좋은 거짓말은 어떤 것이고, 나쁜 거짓말은 어떤 것인지 말해 봐."

"네, 그야 선의의 거짓말은 좋고, 그렇지 않은 거짓말은 나쁜 거잖아요."

"그럼, 선의의 거짓말이 어떤 것인지 구체적인 예를 들어 봐."

"네, 그야 선의의 거짓말은 좋은 의도로 한 거짓말이고……."

"내 말은 선의의 거짓말의 구체적인 예를 들어 보라는 거야."

"네?"

"네 말은 선의의 거짓말에 대한 뜻풀이이고, 내 말은 구체적으로 어떤 것이 선의의 거짓말인지 말해 보라는 거야. 예를 든다면 시험 점수가 안 좋은 아이가 엄마한테 거짓말을 한 것은 좋은 거짓말일까?"

"그야 나쁜 거짓말이죠."

"이 아이는 엄마가 자기 성적 때문에 걱정할까 봐 엄마를 위해서

선의의 거짓말을 할 수도 있는 거잖아. 그런데 나쁜 거짓말이라고 할
수 있어?”

“네, 그것은 엄마를 속이는 거잖아요? 그러니까 나쁜 거짓말이죠.”

“그러면 어떤 아이가 도둑질을 하고 경찰에 쫓겨 온 아버지를 숨겨
주었어. 그리고 경찰이 찾아와서 아버지가 있는 곳을 대라고 했는데
거짓말을 했어. 그렇다면 이 거짓말은 좋은 거짓말일까, 나쁜 거짓말
일까?”

“그야······.”

“아빠를 위해서는 좋은 거짓말이고, 경찰이나 도둑을 당한 사람한
테는 나쁜 거짓말이라고 할 수 있겠지?”

“네. 저도 그렇게 말하려고 했어요.”

“그렇다면 이것은 선의의 거짓말이야, 악의의 거짓말이야?”

“·········.”

“이렇게 따지고 보면 선의의 거짓말이라고 무조건 좋다고 보는 것
은 좀 허망하다는 것을 알 수 있지?”

“네.”

“나는 사실 앞부분에서 이런 말을 하려고 했는데, 네가 말끝마다
‘네.’라고 대답을 해버리니까 더 이상 말을 잇기가 힘들었잖아. 무슨
말인지 알겠어?”

“네.”

“지금도 ‘네.’라고 대답을 했는데 무엇을 알았다고 ‘네.’라고 한 거
야?”

“제가 ‘네.’라고 것이 나쁘다는 것을 알았어요.”

“그렇다면 이 상황에서 네가 내 말끝마다 ‘네.’라고 대답하는 것은 좋은 걸까, 나쁜 걸까?”

“그야 상황에 따라 좋기도 하고, 나쁘기도 하겠죠?”

“그럼 어떨 때가 좋은 것이고, 어떨 때가 나쁜 것이라고 생각하는데?”

“네, 그것은 저어……”

“봐봐. 조금 아까도 분명히 너 자신도 모르게 ‘네.’라고 대답한 거잖아. 나는 분명히 네가 말끝마다 ‘네.’라는 말을 해서 내 말을 끊기 때문에 나쁘다는 것을 지적하려고 한 것인데 너는 또 교묘하게 도망가잖아. 그러니 어떻게 네가 ‘네.’라고 하는 말이 좋다고 할 수 있겠니? 당장 내 앞에서 내 말을 끊고 있는데…….”

“그럼, 어떻게 하면 좋죠?”

“알면 ‘네.’라고 하면 되고 모르면 가만히 있거나 또는 나한테 물으면 되잖아. 그런데 너는 알아도 ‘네.’, 몰라도 ‘네.’라고 무조건 대답부터 하고 보니까 모르는 것을 알아챌 기회가 없는 거잖아. 모르면 모른다고 가만히 있거나 바로 물어 봐야지 알았니?”

“네.”

“지금도 ‘네.’라고 한 것은 뭔가를 알았다는 말이잖아? 무엇을 알았는데?”

“제가 ‘네.’라고 대답하는 것이 나쁘다는 것을요?”

“아니지. 지금 나는 네가 ‘네.’라고 대답한 것이 나쁘다고 한 적이 없지? 나는 방금 너한테 알면 '네.'라고 다답을 하고, 모르면 가만히 있거나 나한테 물어봐야 하는데, 그러지 않고 무조건 '네.'라고 하는 것이 나쁘다고 한 거잖아? 지금 내 말이 네가 알아들었단 말하고 같은 말이라고 생각해?"

"………."

여러분은 어떻게 생각하나요? 이 학생은 금방 혼돈에 빠졌습니다. 습관적으로 '네.'라고 대답하던 것을 지적받고 이제 '네.'라는 대답을 안 하려고 하니까 답답하기까지 한 것입니다. 그래서 나중에 이 학생에게 조심스럽게 언제부터 상대가 말할 때 '네.'라고 무의식중에 대답해 버리는 버릇이 생겼는지 생각해 보라고 했던 적이 있습니다. 그랬더니 며칠 후에 이 학생이 이렇게 대답을 했습니다.

"초등학교 때부터 엄마의 잔소리가 심했어요. 엄마는 뭐라고 말씀하실 때마다 제가 대답을 하지 않으면 더욱 화를 냈거든요. 그래서 엄마 말이 끝나면 무조건 '네.'라고 대답을 하기 시작했던 것 같아요. 제가 대답을 해야 엄마의 잔소리도 끝이 났거든요."

"그때는 엄마의 잔소리를 끝내기 위해서 '네.'라는 마음에 없는 대답을 했다는 말이지?"

"네."

"그때 '네.'라는 말은 좋은 말이었을까, 나쁜 말이었을까?"

"나쁜 말이었죠."

"엄마 입장에서는 나쁜 소리였을지 모르지만, 어쨌든 그 순간에 네 입장에서는 좋은 소리였잖아. 그렇지?"

“네, 그게 그렇게 되네요.”

“결국 ‘네.’라는 대답은 그 자체가 좋고 나쁜 것이 아니라 네가 어떻게 써먹느냐에 따라 좋기도 하고, 나쁘기도 하다는 것을 알 수 있는 거잖아.”

“……….”

실제로 아이들 중에 어른이 뭐라고 말하면 “네, 네.”라며 대답을 잘 하는 아이가 있습니다. 물론 어른이 말을 하는데도 아무 대꾸도 하지 않고 있는 것보다는 낫다고 볼 수 있습니다. 그러나 엄밀하게 따져보면 아무 대꾸도 하지 않는 아이나 이처럼 “네, 네.”라고 대답부터 해놓는 아이는 서로 같다고 할 수가 있습니다. 어차피 앞에서 말한 사람의 이야기를 귀 기울여 주지 않는 것은 같기 때문입니다. 단지 아무 말도 하지 않는 것보다는 그래도 “네, 네.”라고 대답하는 것이 겉모습으로는 낫게 보일 뿐인 것입니다.

어려서부터 부모의 일방적인 이야기를 듣기만 하는 아이들은 나중에 반드시 부모에게 그대로 들려주게 되어 있습니다. 즉 어릴 때는 말없이 들어주지만, 나중에 크면 엉뚱한 곳에서 불만을 터트리거나 아예 부모 곁을 떠나 버릴 수 있다는 것입니다. 따라서 늙은 후에 자식들한테 이런 험한 꼴을 당하지 않으려면 아이가 어릴 때부터 자신의 불만을 털어놓거나 의사 표현을 잘 귀담아 들을 필요가 있습니다. 실제로 어릴 때 아이가 적절히 반발도 하고, 자기 의사 표현을 할 줄 아는 아이는 속에 쌓인 것이 없어서 스스로 자식의 도리를 찾아가게 마련입니다.

그렇다고 해서 또 부모가 뭐라고 할 때 아무 말도 하지 않고 있거나, "네, 네."라고 말을 끊는 아이의 버릇을 고치겠다고, 그러지 말라고 윽박지르거나 잔소리를 해서는 안 됩니다. 이런 아이들은 이미 부모의 말에 귀를 막고 있는 아이들이기 때문에 부모가 먼저 자신의 귀를 열어야 합니다.

혹시 내가 아이와 대화를 한다고 하면서 일방적으로 내 이야기만 하고는 있지 않은지, 아이가 하는 말을 귀담아 듣지 않고 잘못만 지적하고 있지는 않은지, 아이의 사소한 의사표현을 내가 묵살을 하고 있지는 않은지 잘 살펴보아야 합니다. 이런 아이들은 말의 옳고 그름을 따지기보다는 부모한테 자신의 의사표현을 무시당했다는 감정이 섞여 있는 것이기 때문에 그 어떤 말로도 태도의 변화를 이끌어 낼 수는 없기 때문입니다. 진정으로 부모가 먼저 아이의 말에 귀를 기울여 주며 아이가 자신의 말을 듣지 않고 있다 싶으면 얼른 그것으로 자신의 불만을 터뜨리고 있다는 것을 간파하고 그 마음을 풀어 줄 수 있도록 해야 하는 것입니다.

(4) 대화의 목적은 강요가 아니라는 것을 알자

"우리 대화 좀 하자."

"에이, 또 잔소리하려고 그러죠?"

"그게 무슨 말버릇이냐?"

"어른들은 다 그렇잖아요. 대화하자고 허놓고 자기 이야기만 하잖아요."

요즘 아이들 중에 이런 아이들이 상당히 많습니다. 이들은 뭔가 잘못을 해서 지적을 하려고 하면 일찌감치 귀를 막고 있습니다. 이런 아이들은 무슨 이야기를 하려고 하면 이미 그 이야기는 다 알고 있다는 투로 이야기를 듣고 있습니다. 따라서 어른들이 무슨 말을 하려고 하면 이미 그 뒷이야기까지 다 꿰뚫고 있는 경우가 많습니다. 그만큼 영악하다고 볼 수가 있습니다.

이런 아이들의 가장 큰 문제점은 어떤 일이 생겼을 때 이성보다 감정을 먼저 앞세운다는 것입니다. 이미 말로는 다 알고 있지만 그것이 현실에서 무슨 소용이 있냐는 무의식 속에 저항 의식이 있기 때문입니다. 그래서 이런 아이들은 무슨 잘못을 했을 때 말로 타이르려고 하면 바로 그 자리에서 "잘못했어요."라는 말을 하는 스타일입니다. 즉 이런 아이들이 "잘못했어요."라고 말을 하는 것은 진정으로 잘못을 뉘우쳐서가 아니라 한시라도 빨리 그 상황을 모면하려는 본능적인 반응을 보이는 것입니다.

그런데 대개 부모님들은 아이들이 잘못했다고 하면 마치 아이를 혼내려고 했던 본래 목적을 달성이라도 한 듯 여기는 경향이 있습니다. 그러나 따지고 보면 이것은 부모님의 감정풀이는 될 수 있어도 진정으로 아이를 올바른 길로 이끌어내기는 힘이 듭니다. 아이들은 실제로 자신의 잘못을 느끼기보다 당장 부모님이 무서워 비위를 맞추는 것에 불과하기 때문입니다.

따라서 대화는 결코 강요가 아니라는 것을 염두에 두어야 합니다. 내가 대화를 하자고 할 때는 반드시 아이의 말을 먼저 잘 들어주겠다는 마음을 가져야 합니다. 아이가 설사 말이 안 되는 말을 하더라도 우선은 잘 들어주고 스스로 자신의 잘못을 깨우칠 수 있도록 해야 합니다.

그렇지 않고 말로는 대화를 하자고 하면서 아이가 내 말에 순종하기를 바라고, 또 실제로 아이에게서 내가 원하는 대답을 들어야만 직성이 풀린다고 하면 이미 대화의 돋적에서 벗어났다는 것을 알아야 합니다. 아이는 진심으로 대화를 통해서 부모의 뜻을 받아들인 것이 아니라 매번 대화를 하자고 하면서 자신의 주장만 강요하는 부모의 위압에 눌려 그만 기가 눌려 버린 것입니다. 그러다 보면 대화를 통해서 아이를 설득했다고 안심하는 부모와 말로만 대화였지 결국 잔소리였지 않았냐고 받아들이는 아이 사이에 거리감만 더욱 멀어질 뿐입니다.

(5) 아이가 지나치게 순종형이면 한번쯤 자신의 행동을 뒤돌아보자

스마트폰을 갖고 싶어 하는 초등학교 5학년 학생이 있었습니다. 웬만한 친구들은 다 스마트폰이 있는데 자기간 없는 것 같아서 스트레스를 받는다고 했습니다. 그런데 스마트폰은 안 된다고 하던 어머니가 이번에는 기말고사에서 모두 백 점을 맞으면 스마트폰을 사 주겠다고 했다는 것입니다.

그래서 너라면 충분히 가능하지 않느냐고 했더니 풀이 팍 죽었습니다. 중간고사 때는 국어, 수학, 사회, 과학 너 과목만 봤는데도 국어에서 한 문제를 틀렸다고 했습니다. 그런데 이번에 기말고사는 모두 9과

목을 보는데 어떻게 전 과목을 다 백 점을 맞을 수 있겠느냐는 거였습니다.

어쨌든 그렇게 시간이 지나서 시험이 끝나자 결과가 너무 궁금해서 아이에게 물어보았습니다.

"어때? 닌텐도 가질 수 있겠어?"

아이는 피식 웃기만 했습니다.

"왜, 시험을 못 봤어?"

"네, 예체능 과목에서 네 문제나 틀렸어요?"

"뭐야? 그럼, 국어, 영어, 수학, 사회, 과학은 다 백 점을 맞았단 말야?"

"네."

"그럼, 굉장히 잘 본 거잖아? 그런데 왜 그렇게 기운이 없어?"

아이는 피식 웃기만 했습니다. 저는 어느 정도 상황을 짐작했기에 조심스럽게 말했습니다.

"내가 엄마한테 전화해 볼까? 그 정도면 엄청 잘 본 것이니까 스마트폰 사 주셔도 되지 않겠냐고?"

그랬더니 아이는 피식 웃으며 가만히 있더니 겨우 말문을 열었습니다.

"아니에요. 괜히 스마트폰 생겨서 점수 떨어지면 더 힘들어질 텐데요, 뭐."

"그럼, 닌텐도 없어도 괜찮아?"

"엄마가 이번 여름방학 때 책을 20권 읽고 독후감을 써서 보여 주면 그때는 스마트폰 사 주신다고 했어요."

"그럼 잘 됐네. 하루에 한 권씩만 읽어도 20권을 금방 읽을 수 있잖아?"

그러자 아이는 피식 웃기만 했습니다. 괜히 말을 잘못했다가는 아이가 상처를 받을 것 같아서 더 이상 스마트폰 이야기를 꺼내기가 조심스러웠습니다. 며칠이 지난 뒤에 아이에게 물어보았습니다.

"논술, 영어, 수학 말고 다른 공부 또 하는 거 있니?"

"네."

"뭐가 있는데?"

"매일 학습지 문제 풀고요, 화요일과 목요일은 피아노 배워요."

영어와 수학 학원을 매일 다니고, 월요일, 수요일, 금요일은 논술학원 다니고, 화요일, 목요일은 과외로 피아노를 배우고 있었습니다.

"피아노 재밌어?"

"아뇨. 정말 하기 싫어요."

"엄마한테 말씀드려 봤어?"

"네."

"뭐라고 하시는데?"

"중학교에 가면 실기 시험이 있을지 모르니까 배워둬야 한데요. 그래서 어쩔 수 없이 배우고 있어요."

"엄마가 원망스럽겠구나?"

그런데 아이는 의외로 의젓하게 말했습니다.

"아니에요. 다 저를 위해서 그러시는 거잖아요."

정말 심성이 곱고 착한 아이였습니다. 괜히 제가 말을 잘못해서 아이가 잘못된 생각을 가질까 봐 여간 조심스럽지 않았습니다. 그래서 그 정도에서 '학생일 때는 부모님이 하라는 대로 해서 손해볼 것이 없으니까 네가 정말 잘하고 있는 것'이라고 하면서 칭찬을 해 주었습니다.

며칠 후에 아이에게 다시 물어보았습니다.

"그래, 책은 잘 읽고 있어?"

"네."

"지금 무슨 책을 읽고 있는데?"

"로빈슨 크루소라는 책이요."

"재밌어?"

"네."

"어떤 부분이 재미있는데?"

"로빈슨이 아버지가 하라는 대로 하지 않고 자기가 하고 싶은 것을 하기 위해 모험을 떠나는 부분이 재미있었어요."

"로빈슨이 아빠 말을 듣지 않은 것이 잘한 걸까, 못한 걸까?"

아이는 피식 웃기만 했습니다. 그러더니 의외의 말을 했습니다.

"꼭 아빠 말을 들어야 좋은 것만은 아니잖아요?"

"왜?"

"그러면 자기 하고 싶은 것도 마음대로 못할 거잖아요. 로빈슨도 만약 아빠 말만 들었으면 모험도 하지 못했을 거잖아요."

"하지만 아빠 말만 잘 들었으면 그렇게 위험하고 힘든 일은 겪지 않을 수도 있었잖아?"

"그런가요?"

"그렇지."

"그러네요."

아이는 어느 새 이렇게 이야기하며 금방 풀이 죽었습니다. 이 아이는 내성적이고 심성이 착한 아이였습니다. 거리도 좋아서 누구 못지않게 공부도 잘하는 아이였습니다. 겉으로 봐서는 아무 문제가 없는 모범생이었습니다.

그런데 막상 이 아이의 엄마는 아이가 매사에 지나치게 소극적이라면서 걱정을 하고 있었습니다. 또 실제로 학교 선생님들도 다른 것은 다 좋은데 학교생활에서 매사에 능동적이지 못한 것이 가장 큰 흠이라고 했습니다. 무엇이든지 시키는 일은 다 잘하는데, 자신이 먼저 능동적으로 하는 일이 거의 없어서 여간 걱정이 아니라는 것이었습니다.

사실 이런 경우로 고민을 하는 부모는 복에 겨운 고민을 하고 있다고 생각할 수도 있습니다. 어쩌면 고민거리도 아닌 것으로 고민을 한다며 극성 부모로 치부할 수도 있을 것입니다.

그러나 아무리 공부를 잘하고, 부모 말을 잘 듣는 아이라 하더라도 지나치게 소극적이라면 이 부모처럼 아이의 미래를 위해 심각하게 고민을 해야 하는 것이 현명한 부모의 도리입니다. 아이가 지나치게 소극적이고 지나치게 부모 의존형이라면 나중에 아이 인생에 큰 걸림돌이 될 수 있기 때문입니다. 현대사회에서는 진취적이고 적극적이고 능동적으로 자신의 삶을 개척하는 사람이 성공할 수 있기 때문입니다. 아무리 능력이 뛰어나더라도 소극적이고 수동적으로 자신의 삶을 스스로 개척해 나가려는 자세가 없으면 결국 사회의 낙오자로 전락해 버리는 경우가 많기 때문입니다. 우리 주변에는 어려서부터 공부를 잘하고, 소위 일류대학교를 나왔다고 주변 사람들의 부러움을 샀던 사람들이 어른이 되어서는 취직도 못하다가 결국은 사회의 낙오자로 전락해 버린 예가 많이 있습니다. 말 그대로 공부만 잘하고, 착하기만 하고, 사회의 흐름에 적응을 못해 남들보다 더욱 뒤처진 천재들이 많은 것이 현실입니다.

물론 아이가 사 달란다고 부모가 무조건 사 주고, 아이가 학업을 팽개치고 스마트폰에 빠져 있도록 방치하는 것도 올바른 태도는 아닙니다. 하지만 아이가 그 또래 친구들과 마찬가지로 갖고 싶어 하는 것을 굳이 무리한 조건을 달아 사 주지 않는 것도 결코 올바른 방법이라고 할 수가 없습니다. 경우에 따라서는 먼저 사 주고, 그것 때문에 학업을 소홀히 하지 않는 자세를 가르쳐 주는 것이 오히려 더 큰 교육적 효과를 얻는 경우가 많기 때문입니다.

이 아이가 소극적인 성격으로 변한 데에는 부모의 책임이 크다는 것을 알 수 있습니다. 아이는 자신이 원하는 것을 얻기 위해서 부모가 원하는 대로 해야만 한다는 것을 잘 알고 있는 경우입니다. 천성적으로 부모에게 반발하는 것이 좋지 않다는 것은 알고 있지만, 자신이 원하는 것을 얻기 위해 자신의 생각대로 해 본 적이 없기 때문입니다. 어려서부터 무엇을 얻기 위해서는 반드시 부모가 원하는 것을 해 주어야만 얻을 수 있었고, 부모가 원하는 기대치에 미치지 못하면 자신이 원하는 것을 얻을 수 없었기 때문에 자포자기형의 성격을 갖게 되었을지도 모르기 때문입니다.

아이들은 자신이 어느 정도 성취할 정도의 목표치를 정해 주면 그 것을 이루기 위해 최선을 다하는 경우가 많지만, 스스로 생각하기에 그 목표치가 무리하다 싶으면 아예 포기해 버리는 경우가 많습니다. 그러고는 그 원인을 부모에 대한 원망으로 돌리게 되는 경우가 많습니다. 그런 경험들이 어려서부터 무의식적으로 마음속에 축적이 되기 시작하면 매사에 자신감이 없는 아이로 변하게 되고, 그것이 성품으로 굳어 버리게 되면 자신이 하고 싶은 일을 당당하게 추진하지 못하는 나약한 아이로 만들 수 있습니다.

아이가 진정으로 자신의 인생을 당당하게 살아가기를 바라는 현명한 부모라면 어려서부터 아이가 지나치게 순종적이다 싶으면 한번쯤 자신의 행동을 되짚어보아야 합니다. 내가 평생 아이를 품에 안고 살 작정이 아니라면 아이의 인생을 위해서도 가끔은 아이가 원하는 것을 들어주고, 아이가 왜 순종할 수밖에 없었는지 그 원인을 자신의 행동에서 찾아보아야 하는 것입니다.

그래도 앞에서 예를 든 부모의 경우는 늦게라도 아이의 문제점을 인식하고 그 대책을 찾으려고 노력하는 점에서 현명한 부모라고 할 수가 있습니다. 단지 아이가 원하는 것이 무엇인지 먼저 헤아려 주고 그 부족한 부분을 채우려고 하기보다는, 먼저 아이가 자신의 뜻대로 따라야만 자신도 아이가 원하는 것을 들어주겠다는 마음가짐이 문제라고 할 수가 있는 것입니다.

4) 절대적으로 옳고 그른 것은 없다는 것을 알자

세상에 절대적으로

옳거나 그른 것은 없다

칼은 칼일 뿐인데

주부가 쓰면 식칼이 되고

살인범이 쓰면 흉기가 되듯이

거짓말도 단지 거짓말일 뿐인데

쓰는 사람에 따라 선의의 거짓말도 되고

나쁜 거짓말도 되는 것이다.

내가 옳다고 믿는 것이

상대에게는 그른 것이 될 수도 있고,

내가 그르다고 믿는 것이

상대에게는 옳은 것이 될 수도 있기 때문에

세상에 내 기준으로 절대적으로

옳고 그름을 강요할 것이 없다는 것을 알아야 한다.

(1) 아이는 그냥 하라는 대로 할 뿐이다

"거짓말하지 마라."

"엄마는 세상에서 거짓말하는 사람이 제일 싫어."

"솔직한 사람이 되라."

"솔직하게 말하면 용서해 줄게."

부모님들은 아이들한테 이런 식으로 교육을 시킵니다. 그러나 사실 이 말에는 큰 모순이 있다는 것을 알아야 합니다. 논리적으로 따져도 이 말을 전혀 앞뒤가 맞지 않는 말이고, 현실적으로 따지면 더더욱 맞지 않는 말이라는 것을 알아야 합니다. 그래서 앞으로 이런 말을 쓸 때는 먼저 앞뒤 전후 사정을 잘 따져보고 해야 합니다.

"거짓말하지 마라."

"엄마는 세상에서 거짓말하는 사람이 제일 싫어."

먼저 이 말이 왜 이론적으로 맞지 않는 말인지 따져볼 필요가 있습니다. 여러분이 만약에 이런 말을 했을 때 자녀분이 진지하게 이렇게 물어본다면 어떻게 하겠습니까?

"엄마, 거짓말을 하면 왜 안 되는데?"

이런 말을 한다고 화부터 내지 마시고 한번 깊이 생각해 보시기 바랍니다. 정말 거짓말을 하면 왜 안 되는가? 거짓말을 하는 것이 왜 나쁜 것인가? 그런데 이런 식으로 진지하게 물어보면 부모님들은 대개 이런 식으로 말을 합니다.

"거짓말은 나쁘니까 그렇지?"

"거짓말이 왜 나쁜데?"

"너, 정말 몰라서 묻니?"

"응, 정말 몰라. 엄마, 거짓말이 왜 나빠?"

자, 이런 식으로 아이가 끝까지 물어온다면 여러분은 어떻게 하시겠습니까?

"그야 거짓말을 하면 상대한테 피해를 주니까 그렇지."

“하지만 거짓말 때문에 좋아하는 경우도 있잖아?”

“거짓말을 좋아하는 사람이 누가 있어?”

“엄마는 내가 기분 나쁘다고 솔직하게 화내면 기분이 좋아?”

“그럼 안 되지.”

“그러면 엄마는 내가 기분 나빠도 솔직하게 화내기보다는 거짓말로 웃어주는 것이 더 좋다는 거잖아.”

“………?”

실제로 우리는 수많은 거짓말 속에서 살고 있습니다. 상대방의 거짓말 때문에 화가 날 때도 있지만, 상대방의 거짓말을 눈치채지 못하고 행복해하는 경우도 많습니다. 때로는 선의의 거짓말이 필요하다고까지 배우고 있습니다. 문제는 선의의 거짓말은 상황에 따라 그 기준이 애매모호할 수가 있습니다. 결국 거짓말 자체가 나쁜 것이 아니라 거짓말을 나쁘게 쓰는 경우가 나쁜 것입니다.

따라서 “거짓말을 하지 마라.”는 말은 이론적으로 분명히 문제가 있는 말입니다. 정확하게 말하려면 “선의의 거짓말은 해도 좋지만, 악의의 거짓말은 절대로 하지 마라.”고 해야 그나마 이론적으로 맞는 말이 됩니다.

그런데 따지고 보면 ‘선의의 거짓말’과 ‘악의의 거짓말’의 기준이 과연 무엇이냐는 것입니다. 사실 거짓말은 누구나 자기 입장에서 선의의 거짓말일 수 있습니다. 누구나 자기의 이익을 챙기기 위해서 거짓말을 하게 되는 것입니다. 심지어 상대가 기분 나빠할까 봐 상대를 위해서 거짓말을 하는 것도 따지고 보면 그렇게 하는 것이 자신에게 이익이

돌아오니까 하게 되는 거짓말입니다.

아이가 부모에게 거짓말을 하게 되는 경우는 어떻게든지 자신의 이익을 챙기기 위해서 하게 된다는 것입니다. 부모가 마음 상할까 봐 하는 거짓말이건, 또는 부모한테 혼날까 봐 그 상황을 모면하기 위해 하는 거짓말이건, 아이의 입장에서는 모두 자신의 이익을 위해서 거짓말을 하게 되는 것입니다.

그런 아이에게 "거짓말을 하지 마라.", "거짓말을 하는 사람이 제일 싫다."는 식으로 주입을 시키면 아이는 그대로 할 수밖에 없다는 것입니다. "솔직한 사람이 돼라.", "솔직하면 용서해 줄게."라는 식으로 어려서부터 주입을 시켜 놓으면 아이는 그대로 따라할 수밖에 없습니다.

"너, 시험 잘 봤니?"

"아니, 못 봤어."

"뭐라고? 너, 그러기에 열심히 공부하라고 했지?"

"엄마는 솔직하게 말하면 용서해 준다고 해놓고 왜 화를 내?"

"공부도 못하는 게 꼬박 말대꾸까지 할래?"

"엄마, 그럼 내가 지금 이 순간에 거짓말을 해야 돼. 엄마는 거짓말하는 사람이 제일 싫다고 했잖아. 그래서 난 사실대로 말했을 뿐이야."

만약에 여러분의 자녀가 이런 식으로 아주 냉철하게 논리적이고 이성적으로 따져온다면 여러분은 어떻게 하시겠습니까?

아이에게 무엇이건 절대적으로 옳고 그른 것을 강요해서는 안 되는 이유가 여기에 있습니다. 실제로 세상에는 절대적으로 옳고 그른 것은 존재하지 않는다는 것을 먼저 알아야 합니다. 문제는 그것을 어떤 사람이, 어떤 상황에서, 어떻게 쓰느냐에 따라서 옳은 것도 되고, 그른 것도 됩니다.

따라서 아이에게 옳고 그른 것을 가르칠 때는 먼저 그 상황과 아이가 처한 입장을 먼저 살펴야 합니다. 아이가 지금 거짓말을 할 수밖에 없는 상황과 아이의 처지가 어떤지 살피고, 그 상황에 맞게 거짓말이 왜 나쁘고 좋은지를 타일러야 합니다. 그렇지 않고 무조건 거짓말을 했기 때문에 잘못했다고 혼부터 낸다면 자칫 아이를 더욱 못된 아이로 만들 수가 있기 때문입니다.

(2) 솔직함과 어리석음은 백지 한 장 차이라는 것을 알자

고등학교 시절에 가장 힘들었던 경험과 가장 뜻 깊었던 경험을 이야기해 보시오. 그 경험들이 자신의 인생에 어떤 영향을 끼쳤는지 구체적으로 이야기해 보시오.

어려서부터 아나운서가 꿈이라는 여학생이 있었습니다. 그래서 고1때부터 연세대학교 신문방송학과를 목표로 누구보다 열심히 공부를 했습니다. 고등학교를 선택할 때도 일부러 내신에서 유리한 성적을 얻기 위해 주변 학교에서 좀 처진다는 곳을 택했습니다. 입학할 때부터 졸업할 때까지 한 번도 전교 1등을 놓쳐본 적이 없는 학생이었습니다. 1학기 수시에 연세대학교와 서강대학교 신문방송학과에 원서를 썼다가 떨어졌습니다. 스스로 진단하기를 내신 성적에서는 문제가 없었지만 논술에서 망쳤다고 생각하는 학생이었습니다. 2학기 수시를 대비

하기 위해 급하게 논술 준비를 했습니다. 처음 글을 봤을 때 원고지 사용법도 제대로 지키지 못했습니다. 공부를 할수록 학생의 기본기가 탄탄하다는 것을 알 수 있었습니다. 영어 제시문이 나오는 웬만한 논술 문제의 주제도 쉽게 짚어내고 나름대로 논리적인 글을 쓸 줄 알았습니다. 문제는 자신감이 없다는 것이었습니다.

막판에 2학기 수시에서 서울대학교 영둔학과와 연세대학교 신문방송학과 그리고 동국대 영문학과와 숙명여대 영문학과에 원서를 썼습니다. 영어 기초가 튼튼한 학생이라 연세대학교에도 영문학과를 쓰면 어쩌겠냐고 했더니 하나 정도는 소신 지원을 하고 싶다고 했습니다. 다른 곳은 몰라도 연세대학교 신문방송학과는 포기할 수 없다고 했습니다. 연세대학교와 서울대학교는 농촌특기 장학생으로 지원을 해서 논술 시험을 치르지 않아도 된다고 했습니다. 학교 선생님도 두 곳은 가능성이 있다고 했다는 것입니다. 신문방송학과를 가려면 좀 당당한 태도를 보여야 하는데 워낙 내성적이고 얌전하기만 해서 이 부분을 짚어 주면서 면접시험을 볼 때는 당당하게 시험관을 바라보고 할 말을 마음껏 해보라고 했습니다.

그런데 막상 연세대학교 면접시험을 보고 와서 이 학생은 풀이 죽었습니다. 그래서 면접에서 무슨 문제가 나왔냐고 하니까 완전히 풀이 죽은 표정으로 앞에서 예로 든 문제가 나왔다고 했습니다.

"고등학교 때 가장 힘들었던 경험과 그것을 극복했던 사례와 고등학교 때 가장 뜻 깊었던 경험과 그것이 자신의 인생에 끼친 영향에 대해서 구체적으로 설명을 해 보라는 거였어요."

"그래, 그래서 뭐라고 했는데?

"그게 저어……."

서울대학교는 수능 끝나고 면접이 있었습니다. 그래서 어떻게든지 연세대학교에서 면접을 치렀던 경험을 서울대학교 면접에 대비하기 위해서라도 점검을 해 볼 필요가 있었습니다.

그래서 재차 되물었더니 이 학생의 눈시울이 붉어지기 시작했습니다.

"솔직한 게 좋다 싶어서 고1때 친구들한테 왕따 당했던 경험을……."

이 학생은 이렇게 말하면서 끝내 눈물을 보였습니다. 그래서 휴지를 건네주며 학생이 진정하기를 기다리며 다음 말을 기다렸습니다. 그랬더니 이 학생이 멋쩍은 웃음을 지으며 말했습니다.

"모르겠어요, 저도 이 말만 하려면 왜 눈물이 나는지……."

"면접장에서도 그렇게 눈물을 흘렸어?"

학생은 멋쩍게 웃음을 지으며 고개를 끄덕였습니다.

"선생님, 저 떨어졌겠죠?"

"왜 그렇게 생각하는데?"

"말을 제대로 못했잖아요."

"어쨌든 좋은 경험은 했잖아. 이제 수능 끝나면 서울대 면접도 있으니까 그때는 좀 더 신중하게 준비하기로 하자."

말은 이렇게 했지만 여간 속이 상하는 것이 아니었습니다. 사실 이럴 때를 대비해서 사전에 자기 소개서 쓰는 연습을 많이 했었습니다. 이 문제도 자기 소개서를 쓰면서 분명히 다루었던 문제였습니다. 솔직함과 어리석음은 백지 한 장 차이이니까 말 한 마디를 하더라도 신중하게 해야 한다고 말입니다. 더구나 신문방송학과를 지원하려면 당당하고 적극적인 모습을 보이는 것이 학과 특성상 높은 평가를 받을 거라고 했습니다. 학생도 그런 점은 다 알고 있기 때문에 의도적으로 당당하게 임하려고 했다고 했습니다. 그런데 각상 면접 시험장에 가니까 당황해서 속에 있는 말이 그대로 나왔다는 것입니다. 그러다 보니까 속이 복받쳐 올랐고, 자신이 준비했던 말이 하나도 떠오르지 않았다는 것입니다.

나중에 안 사실이지만 이 학생의 부모님은 독실한 천주교인이었습니다. 따라서 이 학생은 어려서부터 부모한테 사람은 솔직해야 한다는 말을 귀에 못이 박히도록 들으며 자랐다고 했습니다. 그래서인지 자신도 모르게 뭔가 꾸미는 말을 하려던 괜히 가슴이 답답해졌다는 것입니다. 그래서 그때도 사실은 준비하간 말을 하려고 했는데 갑자기 가슴이 답답해지면서 아무 말도 떠오르지 않았다는 것입니다. 그래서 솔직히 말하는 게 낫다 싶어서 왕따 당했던 경험을 이야기하기 시작한 것이고, 그 이야기를 하다 보니까 자신도 모르게 눈물을 흘리게 됐다는 것입니다.

이런 경우를 통해서 부모가 아이들에게 무조건 솔직함만을 가르치는 것은 많은 문제점을 안고 있음을 알 수 있습니다. 물론 우리가 일상적으로 쓰는 솔직함이란 좋은 말입니다. 부모가 자식에게 솔직함을 가르치는 것은 그런 의미에서 잘한다고 생각할 수 있습니다.

그러나 잠시 생각을 돌려보면 우리 주변에서는 솔직함이 무조건 좋은 것만은 아니라는 것을 알 수 있습니다. 상대에게 해를 끼치기 위해서 속이거나, 자신의 이익만을 챙기기 위해서 솔직하지 못한 행동을 하는 것은 분명히 나쁜 일입니다. 하지만 상황에 따라서 거짓말을 하는 것이 상대를 위하는 행동이 될 때도 있고, 내가 원하는 것을 얻기 위해서는 상대에게 해를 끼치지 않는 범위 내에서 얼마든지 자기를 포장하는 기술을 배우는 것도 뛰어난 처세술의 일부일 수가 있기 때문입니다.

(3) 먼저 아이의 행동을 잘 헤아려보자

한 아이가 어느 날 엄마한테 쪽지를 내보였습니다. 그 쪽지에는 예를 들어 엄마 심부름한 값 500원, 신발 정리한 값 100원, 엄마 아파서 누워 있을 때 설거지한 값 500원, 아빠한테 뽀뽀해 준 값 300원, 동생과 놀아 준 값 300원 하는 식으로 자기가 한 착한 일에 대한 대가를 돈을 계산해 달라는 청구서가 적혀 있었던 것입니다. 이럴 때 여러분이라면 어떻게 하겠습니까?

심층면접 문제로 출제되었던 문제입니다. 여러분의 자녀가 이 문제를 갖고 와서 여러분에게 묻는다면 어떻게 하라고 가르쳐야 할까요?

학생들에게 이 문제를 보여 주었던 적이 있습니다. 여러분은 부모님의 입장에서 한번 생각해 보시기 바랍니다. 여러분이 이 아이의 부모라면 이 아이한테 어떻게 해 주시겠습니까?

"저도 똑같이 낳아서 길러 주고, 밥해 주고, 옷 사 주고, 잠 재워 준 것을 돈으로 달라고 할 거예요."

대개 많은 아이들이 이렇게 대답을 했습니다. 아이들한테 이런 답이 많이 나온다는 것은 상당히 긍정적인 결과입니다. 적어도 아이들은 부모님한테 어떤 대가를 바란다는 것이 옳지 못하다는 것을 알고 있기 때문입니다. 스스로 부모님한테 받는 것은 계산할 줄 모르고 준 것만 계산하는 것이 잘못됐다는 것은 알고 있기 때문입니다.

그런데 실제로 많은 부모님들이 이런 질문을 받았을 때 이와 같이 대답을 하고 있습니다. 그러나 아이가 아닌 부모님의 입장에서 이런 반응을 보인다는 것은 좀 생각해볼 문제입니다. 부모님의 입장에서는 결코 옳은 방법이 아니기 때문입니다.

그렇다면 어떻게 하는 것이 가장 옳은 방법일까요?

"그냥 돈을 주고 말아요."

"그건 아이의 버릇을 나쁘게 들이는 거죠. 아이 교육을 잘못 시키는 거예요."

"너무 당연한 것을 가지고 무슨 돈을 달라느냐고 할 거예요."

"그건 아이의 행동을 묵살하는 거지요. 아이의 불만을 어떻게 감당하시려고요?"

사실 이런 것들은 아이의 행동에 대한 감정적으로 반응을 보이는 것입니다. 이때 아이는 부모님이 감정을 부리는 것을 받아들여 똑같이 감정을 부리게 되기 때문에 자신의 잘못을 깨달을 길이 없어지는 것입니다. 이런 것들은 결코 올바른 자녀 교육법이라고 볼 수가 없습니다.

한 어머니가 조심스럽게 대답을 했습니다.

"우리 애가 그랬다면 아마 평소에 용돈이 부족하거나 뭔가 다른데 쓸 돈이 부족해서 그런 것이 아닐까 싶네요. 그러니까 먼저 돈을 주고 나서 나중에 기회 있을 때 말해 줄 거예요. 용돈이 적으면 직접 더 달라고 해야지 그런 식으로 하는 것을 옳은 게 아니라고."

물론 이 이야기가 나와 있는 원본에서는 아이의 어머니가 '너를 낳아 준 값 얼마, 맛있는 요리해 준 것 얼마, 옷 사 주고 길러 준 값 얼마' 이런 식으로 자식에게 똑같이 청구서를 작성했습니다. 그리고 마지막에는 '이 모든 것은 공짜, 왜냐하면 나는 너를 사랑하니까'라고 썼다는 것을 예시 답안으로 보여 주었습니다.

그렇다면 이 예시 답안이 의미하는 것은 무엇일까요? 만약에 여러분이 이 예시 답안을 외워서 아이들에게 그대로 가르쳐 준다고 할 때 과연 그것이 그대로 통할 수 있을까요? 면접은 어떤 말로 대답을 하느냐보다 어떤 태도로 대답을 하느냐가 더 중요하게 평가가 되고 있습니다.

이런 경우에 만약에 정말로 이 문제의 내용을 이해했다면 그대로 답을 외워서 말하기보다는 이 글에 담겨 있는 교훈을 내 것으로 소화시켜 발표할 줄 알아야 합니다.

먼저 아이가 왜 그런 행동을 했는지에 대해 이해를 하려고 하는 노력이 필요합니다. 어쩌면 아이는 용돈이 더 필요했거나 또는 평소에 부모님이 무슨 일을 시킬 때마다 돈으로 계산하는 버릇을 들여놓았기 때문에 그러는 것인지도 모릅니다. 따라서 아이가 용돈이 더 필요해서 그랬다면 얼른 그 부분을 헤아려야 하는 것이고, 아이의 행동이 아무래도 내가 잘못 버릇을 들여놓았기 때문에 그런 것이다 싶으면 얼른 자신의 잘못부터 용서를 빌어야 한다는 것이지요. 그러면 아이는 먼저 부모님의 진실한 마음을 받아들여 저절로 자신이 지금 무슨 잘못을 하고 있는지 확실하게 깨달을 수 있는 기회를 갖게 될 것입니다.

이렇게 아이의 마음을 헤아리기 위해서는 먼저 아이의 행동을 잘 받아들일 수 있어야 합니다. 아이의 행동에 대해서 바로 반응을 보이기 전에 먼저 아이가 그렇게 행동할 수밖에 없는 입장을 헤아려 보아야 합니다. 그러면 아이는 부모님이 자신의 입장을 헤아려 주었다는 그 마음 하나만으로도 금방 자신의 잘못을 알아차릴 수 있게 될 것입니다.

아이의 행동을 헤아리기 전에 그 행동에 대해서 옳고 그름을 따지게 되면 아이는 이미 감정이 상해서 부모의 말에 반감을 표하게 되기 마련입니다. 이때는 부모가 아무리 이론적으로 옳은 말을 한다 해도 아이한테는 한낱 잔소리로밖에 들리지 않습니다. 이럴 때 정말 못된 아이는 더욱 비뚤어질 수 있는 것이고, 그나마 착한 아이는 마음의 상처를 크게 받을 수 있어서 여간 조심해야 할 일이 아닙니다.

따라서 간혹 아이의 돌발적인 행동으로 당황스러워 감정이 올라올 때는 바로 반응을 보이기 전에 먼저 아이의 행동을 잘 헤아려보는 연습이 필요합니다. 그러다 보면 아이는 저절로 부모의 마음을 헤아려 스스로 자신의 잘못을 깨닫게 될 것입니다. 잘못을 지적하기보다 먼저 잘못을 할 수밖에 없는 아이의 마음을 헤아릴 줄 아는 현명한 부모가 되어야 한다는 것이지요.

(4) 아이들은 말보다 행동을 먼저 배운다는 것을 알자

서울대학교 논술에서는 장 자크 루소의 〈에밀〉의 일부를 인용해서 '도덕성을 갖춘 이성적 인간은 어떻게 형성되는가?'에 대해서 논술하라는 문제가 출제되었습니다. 그중 일부는 다음과 같습니다.

사람들이 아이에 대하여 행하는, 혹은 행할 수 있는 도덕 교육의 교훈은 대부분 다음과 같은 식으로 요약할 수 있다.

선생 : 그런 짓을 해서는 안 된다.

아이 : 왜 안 되죠?

선생 : 그것은 나쁜 짓이기 때문이다.

아이 : 나쁜 짓? 어떤 것이 나쁜 거죠?

선생 : 금지되어 있는 일을 말한다.

아이 : 금지되어 있는 일을 하면 어째서 나쁜가요?

선생 : 너는 말을 듣지 않았기 때문에 벌을 받게 된다.

아이 : 그럼, 남들이 모르게 하면 되지요.

선생 : 누군가가 네가 하는 일을 지켜보고 있을 것이다.

아이 : 숨어서 하겠어요.

선생 : 네게 무엇을 했느냐고 물을 것이다.

아이 : 거짓말을 하면 되죠.

선생 : 거짓말을 해서는 안 된다.

아이 : 왜 거짓말을 하면 안 되나요?
선생 : 그것은 나쁜 짓이기 때문이다.

이것은 피하기 어려운 순환이다. 여기서 더 벗어나면, 아이는 당신들이 하는 말을 알아듣지 못한다. 이것은 참으로 유익한 교훈이다. 사람들은 이 대화를 어떤 것으로 대치할 수 있는지 알고 싶다. 선과 악을 아는 것이나 인간은 왜 여러 가지 의무를 지켜야 하는지 등의 문제는 아이들이 이해할 영역이 아니다.

이 이야기가 우리에게 주는 교훈은 무엇일까요? 세상에는 말로만 표현하기에는 부족한 것이 많습니다. 아니, 말에는 분명한 한계가 있습니다. 이 이야기를 한번쯤 되돌려서 아이가 정말 착한 아이라고 생각했을 때를 가정해볼 필요가 있습니다.

앞부분에서 우리는 거짓말이 절대적으로 나쁜 것만은 아니라는 것을 짚어 보았습니다. 그 이야기를 여기에 그대로 갖다 붙이면 선생은 아이에게 말에서 밀리게 되어 있습니다.

선생은 나쁜 짓은 금지되어 있고, 금지되어 있는 말을 듣지 않으면 벌을 받게 된다고 했습니다. 그러자 아이는 벌을 받는 게 문제라면 남들이 모르게 하면 되지 않느냐고 반문하고 있습니다. 남한테 들켜서 벌을 받는 게 문제라면 들키지 않게 숨어서 하고, 누군가 물어보면 벌을 받지 않기 위해 거짓말을 하면 되지 않느냐는 것입니다. 그러자 선생은 결국 거짓말은 나쁜 짓이기 때문에 하면 안 된다고 합니다. 결국 말이 돌고 돌아 거짓말이 나쁘기 때문에 해서는 안 된다는 말에 걸렸습니다.

아이들은 이쯤 되면 어른들의 모순점을 알게 됩니다. 현실에는 거짓말이 결코 나쁘게만 쓰이지 않고 있는 것을 아이들은 생활 속에서 알고 있습니다. 특히 지혜와 꾀가 뛰어난 아이들은 이런 점에서 더욱 뛰어납니다.

도덕성을 갖춘 이성적인 인간은 결코 말로만 가르쳐서는 만들어낼 수 없다는 것을 알아야 합니다. 루소가 〈에밀〉을 통해서 아이들을 교육시킬 때는 말로만 해서는 안 되고, 반드시 생활 속에서 구체적인 삶을 통해 저절로 알 수 있도록 해야 한다는 것을 주장하고 있습니다.

실제로 우리 주변에는 이런 일들이 많이 벌어지고 있습니다.

"사람은 착하게 살아야 한단다."

"엄마, 어떻게 사는 게 착하게 사는 거예요?"

"불쌍한 사람을 보면 도와주고, 남한테 피해를 주지 않는 것이 착하게 사는 거지."

부모는 아이들에게 이렇게 가르칩니다. 그런데 정작 아이가 부모의 말을 그대로 따라 행하면 괜히 화를 내기 시작합니다.

한 아이가 모처럼 엄마가 사 준 값비싼 운동화를 신고 학교에 갔습니다. 그런데 그날 저녁에 아이는 값비싼 운동화를 버려두고 맨발로 집에 돌아왔습니다.

"새 신발은 어떻게 하고 온 거야?"

아이는 화가 난 엄마를 보고도 아무렇지도 않은 듯이 말합니다.

"집에 오는데 학교 앞에서 맨발로 쭈그려 앉아 있는 불쌍한 거지아이를 만났어. 그 아이가 너무 불쌍해 보여서 그냥 내 운동화를 벗어주고 왔지."

"너, 그 운동화가 얼마짜린 줄 알아?"

"엄마, 왜 그래?"

"이것아, 비싼 운동화를 그렇게 쉽게 남한테 줘버리면 어떻게 해?"

"………."

이럴 때 아이는 정말 어떻게 해야 하나요? 엄마가 착하게 살려면 불쌍한 사람을 도와주라고 해서 그대로 했을 뿐인데, 엄마는 한순간 비싼 운동화 때문에 아이를 잡고 있습니다. 아이는 결국 착한 일을 하고서도 엄마한테 혼나는 꼴이 되어 버린 것입니다. 아이는 이럴 때 심각한 가치관의 혼돈을 일으킬 수밖에 없습니다.

다음부터는 가난한 거지를 보고도 엄마한테 혼났던 기억이 있어서 이러지도 저러지도 못하는 수동적인 아이가 될 수밖에 없습니다. 이 아이는 이런 식으로 자신의 행동에 책임을 지는 의지적인 아이로 성장하기보다는 매순간 그저 엄마 눈치나 살펴야 하는 아이로 전락할 수밖에 없는 것입니다.

아이는 말보다 행동을 먼저 배우게 되어 있습니다. 엄마가 주라고 하면 어쩌고저쩌고 상황을 따지고 주는 것이 아니라 그냥 줘놓고 본다는 것입니다. 그런데 엄마는 아이에게 은갖 옳은 말은 다 하면서 정작 그것을 실천하지 못하고 있는 것입니다. 아무리 옳은 일이라 하더라도 현실적으로 자신의 욕심을 던저 챙기려는 마음 때문에 비싼 신발값은 먼저 따지게 되는 것입니다. 그러니까 아이가 비싼 신발값을 따지기 전에 먼저 신발부터 벗어주고 돌아오는 행위를 용납할 수 없는 것입니다.

이럴 때 아이는 어떻게 해야 하나요?

엄마의 어떤 마음에 장단을 맞춰야 하나요? 신발을 벗어 주는 것이 옳다고 배우긴 했는데, 그대로 따라했다고 혼나는 경우가 많아지면 그때는 정말 어떻게 해야 하나요?

5) 남과 더불어 사는 삶의 중요성을 깨우쳐 주자

공부도 잘하고
대인관계도 원만한 아이

공부는 잘하는 데
대인관계가 안 좋은 아이
공부는 못해도
대인관계가 원만한 아이

공부도 못하면서
대인관계도 안 좋은 아이

어느 아이가 가장 행복할까?

어느 아이가 가장 불행할까?

정말 생각해 볼 일이다.
깊이 생각해 볼 일이다.

(1) 어떻게 행복지수를 높일 것인가?

그동안 우리나라는 지속적인 경제성장을 이루어 왔다. 그러나 국민 소득 4만 달러를 눈앞에 둘 정도로 성장을 이루었지만, 국민들의 행복지수는 갈수록 떨어지고 있는 것으로 드러나고 있다. 그 이유가 무엇인지 밝혀보고 그 해결책을 제시해 보라.

요즘 대학에서 논술이나 면접에서 이런 문제가 종종 출제되고 있습니다. 만약에 여러분의 자녀가 시험을 앞두고 여러분한테 이 문제를 가져와서 어떻게 대답을 해야 하냐고 묻는다면 여러분은 뭐라고 가르쳐 주시겠습니까?

세상에는 크게 네 가지 부류의 나라가 있습니다. 경제적으로 부유하면서 국민들의 행복지수가 높게 나타나는 나라, 경제적으로는 부유하지만 국민들의 행복지수가 낮게 나타나는 나라, 경제적으로는 가난하지만 국민들의 행복지수가 높은 나라, 경제적으로도 가난하면서 국민들의 행복지수도 낮은 나라가 바로 그것입니다.

영국의 싱크탱크 신경제학재단(NEF)이 2006년 7월 12일에 발표한

자료에 따르면 우리나라는 세계 경제력에서는 13위이지만 국민의 행복지수는 세계 102위에 속한다고 나왔습니다. 국민들의 행복지수가 가장 높은 나라는 인구 21만 명 규모의 작은 섬나라이면서 세계 경제력이 209위인 바누아투공화국이 차지했다고 합니다.

그렇다면 이런 현상은 왜 벌어지는 걸까요? 어떻게 그 해결책을 찾아야 할까요?

거의 매년 유사한 조사 발표가 나는데, 그 발표의 의미는 대동소이합니다.

한번은 학부모를 상대로 하는 강의 시간에 이 문제를 제시했던 적이 있습니다.

"우리나라가 경제력은 높은데 행복지수가 낮은 이유가 무엇일까요? 그 해결책은 어떻게 찾아야 할까요?"

그러자 학부모들은 이렇게 대답을 했습니다.

"요즘은 물질적인 가치를 높이 치기 때문에 경제력은 높지만 행복지수가 낮은 것은 아닐까요?"

"그 대책은 어떻게 세워야 할까요?"

"사람들이 세상을 사는 데는 물질적인 가치보다 더 중요한 것이 있다는 것을 깨닫게 해야 합니다."

"구체적으로 어떻게 해야 깨닫게 할 수 있을까요?"

사실 여기까지의 문답은 학생들과 크게 다르지 않습니다. 행복지수가 낮은 문제의 원인을 개인의 가치관에서 찾는 경우가 많습니다. 그래서 그 대안도 대개 세상에는 돈보다 더 중요한 것이 있다는 가치관을 가져야 한다는 식으로 제시하고 있습니다.

그러나 과연 그럴까요?

한때는 많은 조사기관들이 '대저택에 사는 미국 백만장자보다 오두막집에 사는 마사이족 전사들이 더 행복하다고 느낀다.'는 조사 결과를 제시하면서 돈과 행복지수는 비례하지 않는다고 주장했던 적이 있습니다. 그러나 최근에는 돈과 행복지수는 분명히 상관관계가 있다는 주장이 나오고 있습니다. 실제로 경제소득이 높은 국민일수록 행복지수가 높게 나타나는 것으로 드러나고 있기 때문입니다. 가인의 행복지수는 결코 돈과 무관하지 않다는 조사결과가 나타나고 있습니다.

따라서 행복지수를 높이기 위해서는 개인이 돈보다 더 중요한 가치관이 있다는 것을 깨달아야 한다고 주장하는 것만으로는 뭔가 부족하다는 것을 알 수 있습니다.

분명히 돈은 개인의 행복지수를 높이는 데 중요한 수단으로 작용하고 있습니다. 그렇다면 우리나라는 경제력은 높은데 왜 상대적으로 국민들의 행복지수가 낮게 나타나는 것일까요?

한번쯤 진지하게 고민해 볼 필요가 있는 문제입니다.

인간은 사회적 동물입니다. 따라서 내가 아무리 돈이 많더라도 그것을 혼자서 부둥켜안으려고만 하면 그것을 노리는 다른 사람들의 미움을 받을 수밖에 없기 마련입니다. 따라서 돈이 많은 사람은 그것을 지키기 위해 필요 이상의 스트레스를 받아야 하고, 상대적으로 돈이 없는 사람은 자신의 욕심을 챙기기 위해 사회의 불만 세력으로 전락할 수밖에 없는 실정입니다. 결국 사회적 동물일 수밖에 없는 사람들이 돈이 있고 없음에 따라 갈등을 일으키게 되면 모두 불행해질 수밖에 없습니다.

국민 소득과 경제력이 높은 나라인데 구성원들인 국민들의 행복지수가 낮게 나타난다면 반드시 이 문제를 짚고 넘어가야 합니다. 더구나 국민소득과 경제력이 높다는 것은 어디까지나 평균치일 뿐입니다. 국민소득이 평균치로 높게 나타나더라도 빈부격차를 해결하지 못한다면 계층 간의 갈등은 불을 보듯이 뻔한 이치입니다. 그러다 보면 사회 구성원 간의 조화가 깨지게 되고, 구성원들 간의 조화가 깨진 사회는 생존경쟁을 위한 갈등과 대립만이 존재할 뿐입니다. 그러다 보면 구성원인 국민들의 행복지수는 상대적으로 낮아질 수밖에 없는 구조인 것입니다.

따라서 우리는 국민소득은 높은데 국민들의 행복지수가 낮은 문제에 대해서 경제적인 문제와 개인적인 문제만으로 접근해서는 해결책을 찾을 수가 없습니다. 가장 먼저 국민의 행복지수는 사회의 구조적인 문제에 있다는 것을 짚어낼 수 있어야 하고, 그 다음에 해결책으로 경제적인 분배 문제라든가 공동체 구성원인 개인으로서의 가치관 문제를 짚어낼 수 있어야 하는 것입니다.

사회 구조적으로 봤을 때 국민소득이 높은 만큼 국민들의 행복지수를 높이기 위한 방법으로 가장 좋은 것은 먼저 물질적 풍요를 누리는 사람들이 상대적으로 박탈감을 느끼는 공동체 구성원들을 배려하는 마음을 가져야 합니다.

노블리스 오블리제라는 말이 있습니다. 사회에서 가장 큰 혜택을 받는 이들이 먼저 솔선수범해서 사회를 지키기 위해 그만큼 헌신하고 희생하는 마음을 가져야 합니다. 즉 내가 아무리 뛰어난 능력으로 많은 것을 얻었다 하더라도 그것을 나 혼자만 누리려고 해서는 안 됩니다. 내가 갖고 있는 것만큼 누려서 행복지수를 높이려면 그만큼 주변 사람들을 위해 희생도 할 줄 알아야 합니다. 그것이 궁극적으로 사회적 동물일 수밖에 없는 자신의 행복지수를 높여 나가는 방법이라는 것을 알아야 합니다.

(2) 아이의 불만지수는 왜 높아만 가는 걸까?

전교에서 10등 안에 드는, 제법 공부를 잘하는 아이가 있었습니다. 어느 날 그 학생이 신경질을 부리고 있었습니다.

"왜 그렇게 신경질을 부려?"

"아이, 엄마가 또 학교에 와서 난리치고 갔잖아요."

"무슨 말이니?"

학교에서 학부모 모임이 있는 날이었다고 했습니다. 아이의 엄마는 학부모 임원 대표를 맡고 있었는데, 아이는 엄마가 학교에 올 때마다 여간 스트레스를 받는 것이 아니랍니다.

"엄마가 학교를 위해서 열심히 일하면 너한테도 좋은 거잖아?"

"저는 엄마가 너무 설치는 바람에 친구들한테 창피해 죽겠는데……."

아이는 엄마가 학교에 왔다 가는 날이면 선생님이 자신을 대하는 태도가 달라진다고 했습니다. 그러면 친구들이 자기를 이상하게 생각하는 것만 같아 심한 스트레스를 받는다는 것입니다. 실제로 친구들이 자기들끼리 모여서 쑥덕거리다가 자신이 끼어들면 하던 이야기를 딱 그치면서 눈치를 주더라는 것입니다. 아이는 엄마가 제발 학교에 와서 설치지 않았으면 좋겠다는 것이었습니다.

며칠 후에 그 아이의 엄마와 상담할 일이 생겨서 조심스럽게 물어보았습니다.

"학부모 모임에 가면 무슨 일을 하세요?"

"그야 우리 아이 좀 잘 봐달라고 아이들한테 먹을 것을 잔뜩 사가기도 하고 그러죠."

"아이는 그런 것에 대해서 어떻게 생각하나요?"

"애가 내성적이어서 그런지 창피하다며 그러지 말라고 할 때도 있어요. 하지만 지금은 아이도 내가 다 자기를 위해서 그러는 줄 알고 아무 말도 하지 않아요."

"………."

아이의 엄마는 소신이 너무 확실해서 더 이상 뭐라고 할 말이 없었습니다. 괜히 말 한 마디 잘못 붙였다가는 아이의 엄마를 이상한 사람처럼 취급을 한다고 미움을 받을지도 몰랐기 때문입니다.

(3) 내 자식만 챙기면 내 아이의 행복지수는 낮아진다

아이는 학교에서 엄마 때문에 친구들한테 손가락질을 받는다고 생각하고 있었습니다. 사실 따지고 보면 아이가 좀 더 외향적인 성격이

라면 아무런 문제도 없을 일이었습니다. 그러나 아이는 엄마와 성격이 정반대로 내성적이었습니다. 그래서 집에서도 엄마의 기세에 눌려 지내는 것이 불만이었는데, 엄마가 학교를 한번 다녀가면 친구들이 자신을 마마보이라고 쑥덕거리는 것만 같다는 것이었습니다. 아이는 그것을 견딜 수가 없다고 했습니다.

인간은 사회적 동물입니다. 학교는 사회적 동물인 인간으로서 세상은 결코 혼자 살아 갈 수 없다는 것을 배우는 공간입니다. 사람들의 마음속에는 누구나 자신이 남보다 특별나다는 생각을 갖고 있고, 또 특별난 존재로 인정받기를 바라는 마음이 있습니다. 그러나 반대로 누군가가 특별한 행동을 하면 그 사람을 시기하거나 질투해서 깎아내리려는 심리도 갖고 있습니다.

내가 남에게 인정받고 싶어 하는 마음만큼 남을 인정하면 좋은데, 일반적인 사람들은 감정에 앞서 내가 인정받고 싶어 하는 만큼 인정받고 싶어 하는 다른 사람을 깎아내리려고 합니다.

이 아이는 집에서 엄마한테 인정을 받지 못하니까 학교에서 친구들에게라도 인정받고 싶어 했던 것입니다. 그러기 위해서는 엄마의 품을 벗어나야 한다는 심리가 강하게 작용하고 있는데, 엄마는 그런 마음을 이해하지 못하고 학교에까지 찾아와 괜히 자신의 체면을 깎아놓고 간다는 생각을 하게 된 것입니다.

어쩌면 말도 안 되는 소리 같지만 실제로 우리 주변에는 이런 일들이 많이 벌어지고 있습니다. 욕구 불만이 엉뚱한 데서 터져 나오는 경우입니다.

그런데 무엇보다 중요하게 여겨야 할 것은 여기에서도 인간은 사회적 동물일 수밖에 없다는 것을 명심해야 합니다.

아이는 학교생활을 통해서 저절로 사회적 동물로서 자신의 위치를 세우려는 의지를 갖게 되는 것입니다. 그런데 엄마가 집에서 마음대로 아이를 다루는 마음으로 학교에까지 와서 자기 마음대로 아이를 교육시키려 하게 되면서 아이의 반발은 커지게 마련입니다.

아이는 이성적으로는 엄마가 자신을 위해서 그런다는 것쯤은 다 알고 있습니다. 그러나 이성에 앞서 감정적으로 엄마가 자신을 사회적 존재로 인정하지 않는 것에 강한 반발을 하게 됩니다.

엄마의 입장에서는 아이를 위한다는 행위가 오히려 아이를 해치는 행위가 될 수 있다는 것을 빨리 자각해야만 합니다.

현명한 부모라면 먼저 아이를 사회적 존재로서 그 가치를 인정해 줄 수 있어야 합니다. 아이가 아무리 미덥고 않고 못 믿겠다 싶어도 스스로 사회인으로서 적응할 기회를 주어야 합니다. 그러기 위해서는 내 아이만 챙기는 행위는 오히려 내 아이의 행복지수를 깎아내리는 행위라는 것을 명심 또 명심해야 합니다.

(4) 아이의 친구를 잘 받아 주어야 한다

공부는 잘하지만 말 그대로 대인관계가 나쁜 아이하고, 공부도 못하고 대인관계까지 나쁜 아이가 있다면 둘 중에 누구의 행복지수가 더 높아질까요?

"그나마 공부라도 잘하는 아이가 높겠죠."

많은 사람들이 이렇게 대답을 합니다. 이런 사람들은 공부만 잘하면 뭔가 좀 다르지 않겠느냐고 생각하는 사람들입니다.

그러나 과연 그럴까요? 우리는 이런 문제에 접근하기 위해서 한번쯤 주위를 둘러볼 필요가 있습니다.

사회적으로 가장 행복한 사람들은 공부도 잘하는 아이가 인간성마저 좋아서 사람들한테 사랑을 받을 경우입니다. 그 다음에 공부는 좀 못해도 인간성이 좋아서 대인관계가 원만한 경우입니다. 대인관계가 좋은 아이들은 아무리 공부를 못했어도 원만한 인간관계를 통해 장사를 하든, 무엇을 하든 무난하게 사회생활을 이끌어 가고 있습니다.

요즘 사회적으로 고학력 실업자들에 대한 문제가 대두되고 있습니다. 대학을 졸업해서 눈높이가 높아진 것만큼 실력이 따르지 않아 적당한 일자리를 찾지 못하는 경우가 많은 것입니다. 일자리는 한정되어 있는데 대학을 졸업했다는 자존심이 강해 웬만한 일자리는 안중에도 안 둔다는 것이 더 큰 문제입니다. 그나마 공부를 못했던 아이라면 막노동이라도 하려고 들지만, 웬만큼 공부를 했던 아이들은 막노동보다는 차라리 놀고먹는 쪽을 택하게 됩니다. 자신의 기대치와 현실 사이의 거리감만 커져서 오히려 행복지수가 낮아질 수밖에 없습니다.

인간은 사회적 동물입니다. 더구나 현재는 열심히 일만 할 줄 아는 개미형 인간보다는 여기저기 인맥을 잘 다져놓은 거미형 인간이 성공할 가능성이 높습니다. 따라서 학창시절의 친구 관계를 원만하게 형성하는 것은 그 무엇보다 중요한 일입니다.

아이가 어릴 때부터 이 친구 저 친구 가리지 않고 잘 지낼 수 있도록 해서 대인관계를 원만하게 유지할 수 있도록 해 줄 수 있는 것은 부모의 역할입니다.

"저런 친구하고는 놀지 마."

"왜?"

"저 애는 버르장머리가 없잖아. 괜히 너도 버릇이 나빠지면 안 되잖아."

많은 부모가 아이의 친구 관계에 민감하게 반응을 보이고 있습니다. 그래서 아이들에게 좋은 친구를 사귀어야 한다면서 어려서부터 아이의 교우 관계에 분명한 선을 그어 놓은 경우가 많습니다. 내 아이보다 환경이 뒤쳐진다거나 행동거지가 마음에 안 들면 단호하게 교우 관계를 끊으라고 강요하는 경우마저 있습니다.

물론 어려서부터 교우 관계는 아이의 인격형성에 큰 영향을 미치기 때문에 각별히 신경을 쓰는 것은 바람직한 현상이라고 볼 수 있습니다. 그런데 교우 관계의 기준과 교우 관계를 맺고 끊게 하는 방법이 아이를 위해 얼마나 합당한 것인가는 진지하게 생각해 볼 필요가 있습니다.

세상에는 수십억 명의 사람이 있습니다. 그들은 각자 생긴 것도 다르고, 행동하는 것도 다르고, 생각하는 것도 다릅니다. 사회란 이렇듯 각자 다른 생김새와 행동과 생각을 가진 사람들이 어울려 사는 곳입니다.

세상을 살아가면서 원만한 대인관계를 형성하기 위해서는 가장 먼저 다른 사람과 자신과의 차이점을 인정할 수 있어야 합니다. 나와 다른 사람과의 차이점을 인정할 줄 아는 시각을 가졌을 때 나를 상대에 맞춰 갈 수가 있기 때문입니다. 그런데 그 차이점을 보지 못한다면 아이는 매사에 자신을 기준으로 다른 사람이 자신에게 맞춰 줄 것만을 요구하는 심성을 갖게 될 수가 있습니다.

따라서 어릴 때부터 지나치게 아이의 교우 관계에 간섭하는 것은 바람직하지 않은 방법입니다. 부모가 부모의 기준으로 아이의 교우 관계에 개입하게 되면 아이는 세상을 자기 기준으로만 보는 심성을 갖게 될 우려가 있습니다.

내 아이가 진정으로 올바른 사회인으로 자랄 수 있게 만들려면 무엇보다 먼저 아이의 친구를 가리지 말고 잘 받아 주어야 합니다. 부모가 아이의 친구를 가리지 않고 잘 받아 주게 되면 아이는 세상을 살아가는 사람들의 차이점을 스스로 발견해서 그들과 더불어 살 수 있는 지혜를 터득할 수 있게 될 것입니다.

(5) 아이와 친구의 차이점을 존중해 주자
우스갯소리 중에 이런 말이 있습니다.
"세상에서 가장 완벽한 남편은?"
"돈 많은 남편."
"땡!"
"돈 많고 자상한 남편."
"땡!"
"돈 많고 명 짧은 남편."
"땡!"

“그럼 뭔데?”

“바보야, 그건 옆집 남편이야.”

이 이야기를 듣고 조금 응용해서 아이들에게 물어보았습니다.

“세상에서 가장 완벽한 아이는 어떤 아이일까?”

“공부 잘하는 아이요.”

“땡!”

“엄마 말 잘 듣는 아이요.”

“땡!”

“공부 잘하고, 엄마 말 잘 듣는 아이요.”

“땡!”

“공부 잘하고, 엄마 말 잘 듣고, 인간성 좋은 아이요.”

“땡!”

“그럼 어떤 아이인데요?”

“그건 바로 옆집 아이가 아닐까?”

“?”

잠시 분위기가 썰렁해졌다가 눈치를 챈 아이들이 큰소리로 웃기 시작했습니다. 그러자 나중에 눈치를 챈 아이들도 공감을 한다는 식으로 책상을 두드리며 웃기 시작했습니다.

그렇다면 왜 옆집 남편이 가장 완벽한 남편이고, 옆집 아이가 가장 완벽한 아이일까요?

우리는 흔히 남편이나 아이가 내 욕심대로 따라주지 않을 때 큰소리를 칩니다.

"옆집 남편만큼만 해 주면 안 되겠어?"

"옆집 아이를 좀 봐라. 그 아이만큼만 좀 해 줘라."

그러나 실상 그 집안의 속사정을 들여다본다면 그들이라고 해서 결코 완벽할 수는 없습니다. 그들도 그들끼리 똑같은 문제로 옆집 사람을 들먹이며 싸우는 집안에 불과할 따름입니다. 물론 개중에 한둘은 그야말로 완벽한 삶을 살고 있을 수는 있습니다. 그런 그들은 절대로 옆집 타령은 하지 않는다는 사실입니다. 따라서 내가 이미 옆집 타령을 하고 있다면, 이미 그만큼은 옆집 타령을 할 수밖에 없는 못난 삶을 살고 있다는 것을 알아야 합니다.

사람은 누구나 남과 비교되기를 바라지 않습니다. 그런데 우리는 너무나 쉽게 남과 내 아이를 비교하고 있습니다. 내 아이가 옆집 아이가 비교가 됐다는 것은 이미 그만큼 내 아이의 못된 점만 보고 있다는 것을 우리는 알아야 합니다. 그만큼 내 아이의 장점을 보지 못하고, 그만큼 내 아이의 기를 죽이고 있다는 것을 알아야 합니다.

옛날에 어떤 선생님이 제자들 앞에서 이런 말을 하고 있었습니다.

"저 산의 나무를 봐라. 똑같은 산에서 똑같은 비를 맞고 자라는데도 각기 생김새가 다르다. 어떤 나무는 곧게 자라서 집을 짓는 기둥으로 쓰이고, 어떤 나무는 비뚤비뚤 자라서 땔감으로 쓰일 뿐이다. 그러니 너희들은 열심히 공부를 해서 모두 곧게 자라 나라의 기둥이 되도록 노력해야 한다. 무슨 말인지 알겠느냐?"

그런데 얼마 후에 그 선생님이 다른 곳으로 가고, 새로운 선생님이 그곳에 왔습니다. 그 선생님은 제자들 앞에서 이렇게 말을 했습니다.

"저 산의 나무를 봐라. 똑같은 산에서 똑같은 비를 맞고 자랐는데도 각기 생김새가 다르다. 어떤 나무는 곧게 자라서 집은 짓을 기둥으로 쓰이고, 어떤 나무는 비뚤비뚤 자라서 땔감으로 쓰인다. 사람들이 세상을 사는 데는 집을 짓는 기둥으로 쓰이는 재목도 필요하지만, 땔감으로 쓰이는 불쏘시개도 필요한 법이다. 그러니 너희들은 열심히 공부를 해서 모두 자신의 능력과 처지에 맞게 소질을 계발해서 나라의 기둥이 되도록 노력해야 한다. 무슨 말인지 알겠느냐?"

뱁새가 황새를 따라가려다가 가랑이가 찢어질 수가 있습니다. 그러나 세상은 황새 혼자서 살 수가 없습니다. 뱁새와 황새가 서로 어울릴 때 세상은 조화를 이루며 살 수가 있습니다.

세상에는 내 옆집 아이만 완벽한 것이 아닙니다. 그 옆집의 옆집 아이는 내 아이가 될 수도 있습니다. 내 옆집 부모의 입장에서는 내 아이를 완벽한 옆집 아이로 비교할 수 있습니다.

아이와 친구는 비교의 대상이 아니라 존중의 대상이 되어야 합니다. 아이와 친구의 차이점은 우열을 따질 것이 아니라 상호 존중해 주어야 할 대상입니다. 그럴 때 아이는 스스로 자신의 위치와 처지를 찾아가면서 좀 더 완벽한 인격체로 홀로 서기를 할 수 있기 때문입니다.

(6) 왜 더불어 사는 지혜를 깨우쳐 줘야 하는가?

이기주의의 대표적인 어리석음을 일깨워 주는 이야기 중에 '죄수의 딜레마 게임'이라는 것이 있다. 두 명의 공범 혐의자가 있다. 검사는 이들이 중죄를 지었다는 심증은 있지만, 유죄를 인정할 만한 증거를 확보하지 못했다. 이때 검사는 두 공범 혐의자를 서로 차단시켜 놓고 조건을 제시한다. 두 사람이 모드 자백을 하지 않으면 검사는 증거 불충분으로 부득이 2년형을 구형할 수밖에 없다. 두 사람이 모두 자백을 한다면 정상참작으로 5년형을 구형하게 된다. 그러나 둘 중에 한 사람만 자백을 하게 된다면 자백한 사람에게는 정상참작으로 무죄를, 자백하지 않은 사람에게는 가중처벌로 10년형을 구형하겠다고 하는 것이다. 그러면 십중팔구 두 공범자는 서로 자백을 하지 않았을 때 받을 수 있는 2년형을 선택하기보다 서로 자백을 해서 결과적으로 서로에게 불리한 5년형을 구형받게 된다.

이 제시문은 아이들의 대학 입시 논술이나 면접에서 많이 출제되고 있습니다. 이 이야기가 주는 교훈이 무엇인가를 찾아서 그 대책을 강구할 수 있다면 아이들에게 그 해결책을 제시해 줄 수 있을 것입니다.

이 이야기가 우리에게 주는 교훈은 무엇일까요? 아이들에게 이 이야기를 들려주면서 우리가 배워야 할 교훈이 무엇이냐고 묻는다면 어떻게 대답을 하겠냐는 것입니다.

한번쯤 우리 어른들도 곰곰이 생각해 봐야 할 문제입니다. 단순히 대학 입시에 아이를 붙이기 위해서가 아니라 아이에게 어떻게 사는 것이 참된 삶을 꾸려 나가는 길인지 그 방향을 제시하기 위해서라도 이 문제에 대해서 깊이 있게 짚어볼 필요가 있습니다.

사람은 누구나 자신이 손해 보는 것은 원하지 않습니다. 두 공범자는 이런 인간의 본성 때문에 자신기 자백을 하면 무죄로 풀려나거나 혹은 5년형을 받는 것이 자신에게 가장 유리한 선택이라고 여기게 되는 것입니다. 서로 자백을 하지 않으면 받을 수 있는 2년형에 대해서는 미처 생각을 하지 못하게 된다는 것입니다.

그 이유는 무엇일까요? 두 사람이 서로 상대방을 믿지 못했기 때문입니다.

그렇다면 두 사람은 왜 상대방을 믿지 못한 것일까요? 상대방을 믿는 것이 자신뿐만 아니라 자신에게 이익이라는 것을 자각하지 못했기 때문입니다.

그렇다면 두 사람은 왜 상대방을 믿는 것이 자신뿐만 아니라 서로에게 이익이라는 것을 자각하지 못했을까요? 한 번도 그런 상황에 대해서 깊이 있게 생각하지 못했기 때문입니다.

그렇다면 두 사람은 왜 그런 상황에 대해서 깊이 있게 생각하지 못했을까요? 자신의 이익을 추구하기 위해서 공범을 모색하면서도 그것이 서로를 공동 운명체로 결속시키게 되었다는 것을 자각하지 못했기 때문입니다.

결국 두 공범자는 본능적으로 자신의 이익만을 추구할 줄 알았지 공동 운명체에 대해서는 한 번도 생각해 보지 않았다는 것입니다.

이 이야기는 사회적 동물일 수밖에 없는 우리들에게 시사하는 바가 큰 이야기입니다. 사람은 태어난 이상 원하든 원하지 않든 사회 공동체에 속하게 되어 있습니다. 결과적으로 사회 공동체는 서로의 이익을 추구하는 지극히 이기적인 사람들이 모여 있다는 것을 인정할 수 있어야 합니다. 내가 내 이익을 추구하는 것만큼 다른 사람도 자신의 이익만을 추구하고 있다는 것을 알아야 합니다. 누구나 자신이 손해 보기를 원하지 않고, 누구나 자신이 이익을 브기를 원합니다.

그러다 보니까 서로 믿고 의지하건 2년형을 받을 수도 있는데, 상대방을 불신하고 내가 손해 볼까 봐 노심초사하다 서로에게 손해인 5년형을 받게 된다는 것입니다. 검사의 입장에서는 힘들이지 않고 소기의 목적을 달성하는 것입니다. 결국 두 사람은 어리석게도 검사의 꾀에 놀아나고 마는 것이지요.

우리가 사는 세상도 이와 크게 다르지 않습니다. 어차피 세상에서 나 혼자만의 이익을 추구할 수 있는 완벽한 방법은 없습니다. 어떻게든지 나 혼자만 챙기려는 욕심은 똑같은 사람을 만나게 해서 그만큼 자신의 인생에 손해를 끼치게 되어 있습니다.

그럴 바에는 아예 내 욕심을 내려놓는 것이 현명한 방법입니다. 내가 내 욕심만 챙기려고 들면 똑같이 자기 욕심만 챙기려는 사람을 만나게 되지만, 내가 욕심을 내려놓고 상대방을 배려해 주면 상대방도 나를 배려해 주게 되어 있습니다.

더불어 사는 지혜의 출발점은 바로 여기에서 출발해야 합니다. 내가 내 욕심만 챙기려 들면 계산적으로는 그것이 자신에게 이익일 수 있게 비쳐질 수 있지만, 현실적으로는 나와 똑같은 사람을 만나게 되어서 더 큰 손해를 입을 수 있다는 것을 알아야 합니다. 내가 조금 양보하고 상대방을 배려하면 계산적으로는 혹시 그것이 나에게 손해를 줄 수 있는 경우도 있겠지만, 현실적으로는 나와 똑같은 사람을 만나게 되어서 두 사람 사이에 얻을 수 있는 최선의 방법을 선택할 수 있게 된다는 것을 인식해야 합니다.

더불어 사는 지혜는 내 욕심을 내려놓는 것입니다. 더불어 사는 지혜는 상대를 위해서 내가 좀 손해를 볼 수도 있다는 마음입니다. 계산적으로는 손해인 것 같지만, 사회적 동물일 수밖에 없는 인간으로서 현실적으로는 그것이 가장 합리적인 이익을 얻어내는 방법입니다.

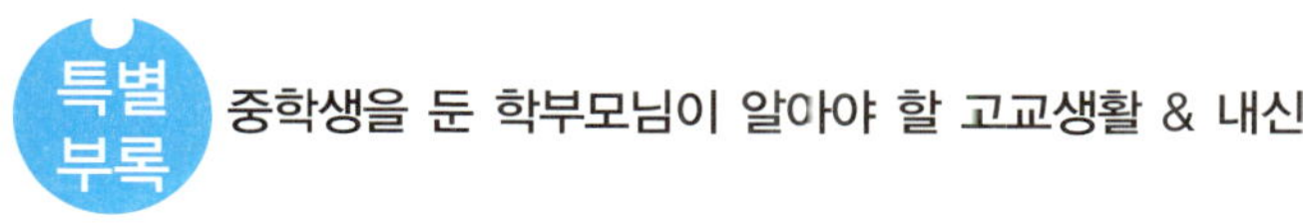

1. 전교 382등으로 시작해 내신관리로 2등까지 급상승한 전윤서의 성공사례

글 | 전일권(전일권 입시전략연구소 소장)

올바른 교육이란 참 어려운 것 같습니다. 특히 자식 교육에 있어서는 정말 어렵죠. 오늘은 내신 상담을 통해 전교 382등으로 시작해 2등까지 급상승한 제 아들인 전윤서의 성공 사례를 전해드리겠습니다.

전윤서는 고교 반편성 고사에서 382등으로 시작하여 고등학교 3학년 2등까지 석차를 올렸습니다. 여간해선 성적 향상이 쉽지 않은 전국 단위 자율형 사립학교에서 거둔 성과라 더욱 의미가 있는데요. 전윤서의 내신 상담을 하면서 느낄 수 있었던 대학 합격 비결은 역시 내신 공략이었습니다.

내신을 잡아라

전윤서는 고1 반편성 고사에서 382등의 성적을 받았습니다. 수학 70점, 영어 50점……. 전력을 다한 결과라 더욱 충격적이었는데요. 2차 충격은 입학 후 다가왔습니다. 제 아들이 학교로부터 배정받은 독서실은 1열람실, 포항제철고는 성적대별로 학내 독서실 좌석을 지정하는데, 2열람실은 가장 낮은 성적군이 이용하는 곳이었습니다.

이때부터 제 아들은 '어떻게든 여기서 나가야겠다.'라는 생각으로 이를 악물고 공부에 매달렸습니다.

가장 먼저 공략한 과목은 과학 탐구였습니다. 대부분 1학년이 공부하지 않는데다 비교적 단기간 내 성적을 올릴 수 있다는 판단 때문이었죠. 이런 예상은 적중하였고, 과학탐구 관련 암기에 열중한 아들은 석차가 올라 한 달 만에 1 열람실에서 탈출할 수 있게 되었습니다. 이과계열 남학생 중에는 외우기라면 덮어놓고 싫다는 친구도 있었지만, 전윤서는 모든 문제를 이해해서 풀었죠. 시험은 실수를 줄이기 위한 싸움이라는 말처럼 암기는 빈틈을 메울 수 있는 가장 효율적인 방법이었습니다. 이후에는 본격적으로 수학, 영어 잡기에 돌입하였고, 당시 1등급 후반대였던 수학 내신 성적은 문제를 많이 푸는 일명 양치기 방식으로 끌어올렸습니다. 자신감을 얻은 1학년 2학기쯤에는 다른 과목 점수도 덩달아 향상되었습니다. 문제는 4등급 대에서 좀체 벗어나지 못하는 영어였습니다. 하지만 포기하지 않고 영어도 결국(내신과 대학수학능력시험 모두) EBS 수능 연계 교재 문제유형을 먼저 이해하고, 필요한 부분은 달달 외우는 방식으로 공부한 끝에 2등급까지 올렸습니다. 모의고사에는 1등급도 받았습니다. 덕분에 3학년 때는 처음으로 전교 2등을 꿰차는 성과를 거둘 수 있었습니다.

대입을 잡아라

내신이 안정권에 접어든 뒤에는 대입 전략 수립에 나섰습니다. 아들이 가장 먼저 지망학과를 정하고 관련 진로를 조사하였는데, 이때 학과 선택 기준은 철저히 본인의 흥미에 맞췄습니다. 처음에는 취미인 요리와 관련 있어 보이는 농업생명대에 진학하고 싶어 했습니다. 하지만 학과 졸업 후에 하게 될 일이 요리와 전혀 관계없다는 걸 안 후 화학생물공학부로 방향을 틀게 되었습니다. 여기에는 학교, 도내 과학경시대회, 포항공대 생명공학 연구센터 연구 참여 경험 등이 영향을 미쳤습니다. 아들의 내신 성적은 1.73 등급으로 서울대 화학생물공학부에 들어가기에는 다소 부족했지만 합격 가능성보다 전공적합성이 중요했던 아들은 소신 지원한 덕분에 정신 바짝 차리고 자기소개서에 열중할 수 있었습니다. 자기소개서는 고등학교 3학년 1학기 기말고사가 끝난 후부터 준비하였고, 입시 전에 포항제철고를 방문, 입학설명회 연단에 선 서울대 입학처장의 조언이 크게 도움이 되었습니다. 당시 처장님은 성과(성적)를 강조하는 자기소개서는 독자(입학사정관)에게 역효과를 낼 수 있다고 말을 했는데, 서울대 지원자 대부분 성적이 우수하기 때문이었습니다. 결과보다는 과정을 자세히 풀어서 쓰라는 말과 진정성만 두드러지게 강조해서는 안 된다는 말에 아들은 자기소개서에 막연한 비전보다 학교 입학 후 잘할 수 있는 바를 부각시켰습니다.

대입 3년 간의 로드맵

1학년은 내신을 공략하라

- 중학교에 비해 고등학교 성적이 확 떨어져도 실망하지 말고 다른 친구들이 놀 때 참고 공부하면 언젠가 향상될 수 있습니다. 특히 이과 지망생은 수학, 과학 점수 관리에 신경을 써야 합니다.

2학년은 진로 탐색을 하라

- 문과·이과 선택 때부터 가고 싶은 학과를 정하고 연구, 봉사, 대회 등 다양한 경험을 쌓아 진로 선택의 폭을 넓혀야 합니다. 부모님, 주위 사람 등과 상담을 통해 공유하며 최종 결정을 내리는 게 중요합니다.

3학년은 서류 준비 철저히

- 아들의 경우 자기소개서에는 수학, 과학 관련 실적을 부각시켰습니다. 성적 향상기 등 추천서에 포함될 것 같은 내용을 빼고 자신과 지원하는 학교에 대한 정보에 맞게 작성하는 게 중요합니다.

*전윤서 군의 서울대 합격기는 「조선일보」 맛있는 공부에도 소개되어 있습니다.

2. 공부 잘하는 올바른 공부 습관

제가 지도하는 메타인지 학습법은 학생의 학습관을 잡아 주는 효율적인 학습법입니다.

똑같이 공부를 하더라도 누구는 성적이 잘 나오고, 누구는 성적이 안 나오는 경우를 많이 보셨을 겁니다. 똑같이 공부를 하더라도 얼마나 올바르고 확실한 공부 방법으로 공부를 하느냐가 중요합니다. 그래서 오늘은 공부 잘하는 습관에 대해서 몇 가지 정보를 드리겠습니다.

뚜렷한 목표 세우기

어떤 일이든 목적이 없으면 제대로 일을 처리할 수가 없습니다. 공부도 자신의 뚜렷한 목표가 있어야 하며 공부하기 전 그 목표를 세우고 눈에 가장 잘 보이는 곳에 위치시켜 놓는 게 좋습니다. 이렇게 목표를 세우고 그 목표를 위해 매진하다 보면 자신의 목표를 달성하게 될 것입니다.

공부에 대한 긍정적인 생각하기

마음먹기 나름이라는 말처럼 어떻게 마음을 잡고 하느냐에 따라 자신감과 공부에 대한 생각이 크게 달라지게 됩니다. 두려움이 있어도 그 두려움을 이겨내면서 할 수 있다는 자신감과 신념으로 공부에 매진하게 된다면 자신의 능력 몇 배 이상의 효과를 얻을 수 있습니다.

수업에 적극적으로 참여하기

수업은 공부를 하기 위한 가장 기본적인 과정이며 아무리 우수한 학생도 수업을 소홀히 하게 된다면 절대 좋은 성적을 받을 수 없습니다. 성적을 올리기 위해서나 공부를 잘하기 위해서는 필수적으로 수업에 충실해야 합니다.

보고 또 보는 습관 갖기

공부는 복습이 중요합니다. 물론 예습도 중요하지만 사람은 현재는 알다가도 시간이 지나면 머릿속에서 하나씩 지워지는 것이 현실입니다. 이런 현상으로부터 올바른 공부습관을 가지기 위해서는 보고 또 보는 복습이 중요합니다. 아무리 어려운 문제도 반복 학습을 하게 된다면 나의 것으로 만드는 건 쉬운 일입니다.

현명한 시간 관리하기

무슨 일을 하든지 시간관리는 정말 중요합니다. 공부에서 시간관리는 무척 중요합니다. 남들과 똑같은 시간을 사용하여도 어떻게 시간을 관리하느냐에 따라 그 효과는 천차만별입니다. 남들과 똑같은 방법, 똑같은 시간이 아닌 자신의 계획, 목표에 맞게 시간을 관리하면 분명 더 큰 효과를 볼 수 있습니다.

규칙적인 공부하기

공부는 어느 날 한 번에 몰아서 하기보다는 꾸준히 하는 것이 중요합니다. 매일 규칙적으로 정해진 양만큼 꼬박꼬박 진행하는 방법이야말로 가장 현명한 방법이며 규칙적으로 공부를 하게 되어서 습관이 되면 자신감도 붙게 됩니다.

이외에도 공부를 잘하는 올바른 공부습관이 있지만 가장 중요한 건 얼마나 노력하고 실천하느냐입니다. 머릿속으로 글로만 계획과 목표를 세우지 말고 실천하는 모습을 브여야 합니다. 그것이 공부를 잘하기 위한 공부 습관에 한 발짝 다가설 수 있는 길입니다. 자신만의 올바른 공부 습관으로 좋은 결과가 있길 응원하겠습니다.

* 특별 부록 내용은 전일권 입시전략연구소(http://blog.naver.com/tomatobook) 블로그에서 발췌 수록하였습니다.

에필로그

　머리말에서 축구로 시작한 책에 왜 돌직구가 제목에 들어갔는지 궁금한 독자를 위하여 야구로 끝내려 한다.

　야구에서 투수가 던지는 돌직구란 '정직하고 빠른 공'을 뜻한다. PART Ⅰ 코너를 통해서 자기진단과 목표설정, PART Ⅱ를 통해서 과목별 학습법, PART Ⅲ 코너를 통해서 부모 역할을 제대로 하는 빠르고 정직한 학습법을 소개했다는 뿌듯함에서 붙인 제목이라는 것을 사족이지만 밝힌다.

　배우를 지망하는 두 청춘 남녀가 있었다. 둘은 가난했지만 꿈을 이루기 위해 밑바닥의 삶도 마다하지 않는 아름다운 연인이었다. 어느 날 그들은 엑스트라 연기 몇 번 해 본 것을 자랑으로 내세우며 연예계의 큰손처럼 거들먹거리는 사기꾼을 만났다.

　"내가 최고의 배우가 되는 비법을 가르쳐 줄 테니까 배울 생각 있으면 말해. 대신 수업료는 선불이야."

　연인은 너무 기쁜 나머지 사기꾼인 줄도 모르고 바로 그 자리에서 수업료를 지불하고 스승으로 모시기로 했다.

"스승님, 최고의 배우가 될 수 있도록 가르쳐 주세요."

사기꾼은 다음 날 큰 가방 두 개를 들고 와서 연인에게 말했다.

"배우가 되려면 먼저 숫기가 좋아야 해. 수많은 관중 앞에서 뻔뻔하게 연기를 하려면 기초를 든든히 다져야 하지. 숫기를 키우는 가장 좋은 방법이 바로 이거야. 먼저 지하철에 가서 이 물건을 다 팔아 봐. 다 팔지 못하면 배우가 될 생각도 하지 말고 다시는 찾아오지도 마."

연인은 스승이 시키는 대로 가방을 들고 지하철로 갔지만, 처음에는 용기가 나지 않았다. 그렇지만 최고의 배우가 되기 위해서는 숫기를 키워야 한다는 말에 심호흡을 가다듬으며 노력을 했다. 다행히 끼가 발동을 해서인지 이틀 만에 물건을 다 팔았다. 용기를 갖고 다시 스승을 찾아갔다.

"잘했네. 자, 먼저 돈부터 내놔 봐."

연인은 이틀 동안 판 물건 값을 얼른 내밀었다. 사기꾼은 그 돈을 챙기고 말했다.

"자, 이제 새로운 비법을 가르쳐 줄 텐데, 먼저 수업료부터 내야지."

"네? 돈은 아까 드렸잖아요?"

"이건 물건 값이고, 수업료는 따로 내야지."

연인은 어쩔 수 없이 주머니에 있는 돈을 탈탈 털어서 수업료로 내밀었다. 사기꾼은 다음 비법을 말했다.

"배우가 되려면 적어도 한 가지 개인기는 있어야 해. 지금부터 동물원에 가서 원숭이 흉내를 배워와 봐."

동물원을 찾아가면서 여자 친구가 볼멘소리를 했다.

"오빠, 우리 사기꾼한테 당하는 것 아닐까?"

"그래도 말은 맞잖아. 배우가 되려면 개인기 필요한 것 아냐?"

동물원 원숭이 우리 앞에 선 연인은 망설이다가 점차 용기를 내서 원숭이 흉내를 따라 하기 시작했다. 그러자 사람들이 원숭이보다 두 사람을 보기 위해 모여들었다. 두 사람은 관중들이 환호를 하자 더욱 용기를 내서 원숭이 흉내를 익히기 시작했다.

그렇게 며칠이 흐른 뒤 두 사람은 콘테스트에서 수상을 해서 배우의 꿈을 이룰 수 있었다. 그 무렵에 사기꾼은 그동안 다른 사람에게도 사기를 친 것이 들통 나서 구속이 되었다. 그러자 지인들이 연인에게 다가와서 그 사실을 알려주었다.

"알아? 그동안 너희들도 사기꾼한테 당한 거야."

그 말을 들은 연인은 아무렇지도 않다는 듯이 이렇게 말했다.

"그래도 배우가 될 수 있도록 가르침을 주신 분인데……."

사기꾼도 최고의 배우가 되는 방법은 알았지만 그것을 사기 치는 데 써먹었고, 젊은 연인은 그것을 그대로 실천해서 최고의 배우가 되었다는 이야기다.

책을 마무리 지으면서 새삼 이 이야기가 생생하게 살아오는 이유는 무엇일까?

지금 우리 곁에는 수많은 학습법이 있다. 어쩌면 이 책도 수많은 학습법 중에 한 권으로 묻힐 수 있어 원고를 완성해 놓고 오랫동안 출간을 망설였던 것도 사실이다. 그동안 현장에서 학생들에게 수없이 적용해 보면서 많은 성과를 이루면서 이제야 용기를 내서 세상에 내놓는다는 것을 밝히고 싶다. 아무리 좋은 학습법도 구체적인 실천사례가 없다면 사기꾼처럼 될 수 있다는 우려를 떨칠 수 없었기 대문이다.

이영호 - 다수의 학생 특목고, 영재학교 합격, 일류대 합격생 배출.
　　　　　특히 아들을 영재교육원 합격시키고, 전국영재아산출물대
　　　　　회 최우수상 수상, 언어영역 만준.
　　　　　딸을 문학 영재교육 시키고 미술시험 없이 명문미대 합격
　　　　　시키다.
　　　　　한국논리논술연구소 상임연구위원 재직 시 연구소에서 매
　　　　　년 80명 이상 서울대·연대·고대 합격생 배출.
이인환 - 어머니들의 글쓰기 교실을 통해서 아동의 글쓰기 혁명을
　　　　　이루고, 2014년 명강사협회 명강사경연대회에서 대상을
　　　　　수상하다.
전일권 - 다수의 서울대 합격생 배출, 에듀넷 논술 대표 강사.
　　　　　2014년, 아들(전윤서)을 서울대에 합격시키다.
　　　　　2월 26일자 조선일보 '맛있는 공부'에 소개.
　　　　　전일권입시전략연구소 소장
김상보 - 영어 전집을 기획 출간하였고, 이 책을 읽은 아동들이 술
　　　　　술 영어로 말하다.
우중호 - 반포 최상위수학학원 2년여 만에 35억 연매출 이루다.
정진일 이종성 - 다수의 일류대 합격생 배출.

이제 독자들도 항상 염두에 두어야 할 것이 있다. 사기꾼처럼 학습법만 되뇌는 부모가 될 것인가, 아니면 먼저 솔선수범함으로써 자녀가 따라할 수 있도록 모범을 보이는 부모로 설 것인가?

"호학심사(好學深思) 심지기의(心知其意) 배우기를 좋아하고
깊이 있게 생각하면 마음으로 그 뜻을 알게 된다."

최고경영자들이 필독서로 뽑고 있는 〈사기〉의 저자 사마천의 말은 '생각하는 공부'가 부족한 우리 교육풍토에 많은 생각거리를 던진다. 역사는 우리에게 과거의 잘못을 답습하지 말고, 좋은 것을 이어 받아 더욱 좋은 길로 나갈 수 있도록 방향을 제시해 준다. 역사에 능통한 사람은 그 바탕 위에 자신의 창의력을 보태 새로운 길로 나가지만, 역사에 무지한 사람은 아무리 뛰어난 재주로 창의력을 발휘하더라도 역사의 답습 그 이상을 나아가지 못하는 것이다.

이 책은 사실상 역사서에 가깝다. 조금이라도 앞서 살아온 사람이 경험담을 들려주며 과거의 잘못을 답습하지 말고, 좋은 것을 이어 받아 자신만의 창의력을 보태 새롭게 나갈 방향을 제시하고 있기 때문이다.

이제 이 책을 어떻게 따라하고, 이 책에 어떻게 창의력을 보태나가느냐는 것은 전적으로 독자의 몫이다. 모쪼록 독자들이 이 책을 통해서 스스로 배우기를 좋아하고 깊이 있게 생각하면서, 나아가 내 자녀에게 '배우기를 좋아하고 깊이 있게 생각하는 습관'까지 키워 주는 〈사서〉로 활용했으면 하는 바람을 가져 본다.